루틴
파워

KB059328

성공에 다가서는 진짜 힘

루틴
파워

김소백 지음

바이북스
ByBooks

100년을 살아남으려면
루틴력이 필요하다

우리는 이전과 다른 세계에 살게 될 것이다.

TV나 신문에서는 코로나19 이후의 세상은 분명히 이전의 세상과는 다를 것이라고 한다.

학생들은 학교에 가는 대신 노트북이나 태블릿을 이용하여 '온라인 개학'을 했고, 지난 2월에는 온라인 유통업계 매출이 역대급 기록을 세웠다고 한다. 전년도 대비 34.3%의 증가는 오프라인 매출 감소로 바뀌었다. 감염병 확산을 막기 위한 '사회적 거리두기'를 하면서 우리나라뿐만 아니라 세계적인 경제구조가 바뀌어가고 있는 것이다.

회의문화도 바뀌었다. 얼굴을 맞대고 모여서 진행하던 회의에서 각 가정에서 서로의 노트북이나 핸드폰을 이용한 화상회의는 이제 우리가 흔히 접하게 되는 장면일지도 모른다. 늘 교과서에만 나오던 미래사회가 코로나로 인하여 갑자기 우리 앞에 나타났다.

몸이 편해진다고 마음까지 느슨하게 있다가는 어느 순간 실직자가 되거나 아무도 찾지 않는 외톨이로 전락하지는 않을까 걱정하지 않을 수 없는 현실이다.

재택근무가 일상이 되고 학교에 가지 않고도 학업을 이어갈 수 있는 세상에서 우리는 어떤 자세로 다가올 미래를 준비해야 할까?

한자를 멋있게 잘 쓰고 싶은데 가르쳐 줄래?

친한 친구가 어느 날 한자를 멋있게 쓰고 싶다면서 한자 잘 쓰는 법을 가르쳐 달라고 했다.

누구나 글씨를 잘 쓰고 싶은 소망을 가지고 있겠지만 평소에 쓰기를 즐겨 하지 않는 사람이라면 그 일이 하루아침에 이루어지지 않는다는 것을 나는 잘 알고 있다.

그래서 자세한 설명과 함께 천천히 가르쳐 주었다. 그리고 욕심 내지 말고 천천히 하나씩 고쳐나가기를 당부했다. 하지만 친구는 하루가 멀다 하고 나에게 연락해 와서는 잘 안 되는 부분을 고쳐달라고 했고 금방 되지 않는다면서 스스로에게 화를 내기도 했다.

서예를 시작한 지가 20년이 지났다. 대학 동아리부터 시작했으니 햇수로는 22년차다. 하지만 오래했다고 해서 나의 글씨가 우리나라 최고라는 말은 아니다. 전문 서예인들도 많고 직업으로 글씨를 쓰는 사람도 있으며 학원을 운영하는 사람들도 많다. 그러나 나는 나대로의 방법으로 매일 연구하며 '어떻게 하면 더 나은 글씨를 쓸 수 있을까?'를 고민하고 있다.

그렇다면 나는 어떻게 20년 이상을 서예를 연구하고 고민하고 있을까? 그리고 그 힘은 어디서 나오는 것일까?

99%의 노력과 1%의 영감

에디슨의 명언이다. 머리에 번뜩이는 아이디어가 하루아침에 만들어지지 않는다는 말을 하고 싶은 것이다. 꾸준한 매일의 노력을 하다보면 어느 순간에 영감이 떠오른다는 말이지 노력하지 않는 사람에게 갑자기 영감이 떠오를 리가 만무하다. 그렇다면 에디슨에게는 무엇이 그토록 노력하게 만들었을까? 그 노력하게 하는 힘은 어디서 오는 것일까?

교과서만으로 공부했어요.

옛날 대학 시험을 학력고사로 치른 시절 이야기다. 해마다 대학 입시철이 되면 그 해 수석한 학생들의 인터뷰를 뉴스에게 보게 된다. 만점을 받은 학생들이 한결같이 하는 말이 교과서만으로 공부했다는 말이었다. 교과서만으로 어떻게 공부를 했길래 누구는 전국 수석을 하고 누구는 지방대도 가기 힘든 점수를 받게 되는 것일까? 성적이 좋지 않은 아이들이 공부를 하지 않았다는 말은 아닌데 말이다. 서울대 수석을 하는 아이들은 누구보다 더 집중하고 누구보다 더 오래 버티고 앉아서 스스로 공부를 했을 가능성이 높다.

그렇다면 서울대 학생들이 가만히 앉아서 집중하고 오래 버티게 하는 힘은 어디서 오는 것일까?

공부하라는 잔소리가 제일 듣기 싫어요.

요즘 초등학생들의 현실이다. 초등학생이지만 매일 학원을 다니고 집에서도 학습지를 매일 풀어대고, 하물며 방학 때도 공부하기 좋은 시기라며 여기저기 학원을 다니며 심화학습을 한다. 하지만 막상 학교 수업시간에 문제의 원리를 물어보면 대부분의 아이들은 모른다고 하고 설명하기를 두려워한다. 문제는 기계적으로 잘 해결하면서도 말이다.

흔히 말하는 자기주도적인 학습을 하지 않아서이다. 스스로 원리를 이해하려고 노력하고 문제를 만들어서 해결하는 루틴을 가지고 있는 아이라면 어떤 수업시간도 두렵지 않고 들을 준비를 하고 있을 것이다. 하지만 학원이나 학습지에 끌려 다니는 공부를 하는 아이라면 공부라는 감옥에 매일 갇혀 있는 자신을 발견하게 되고 늘 벗어나려고 발버둥치게 될 것이다.

반면 스스로 할 일이라고 생각하고 적극적인 방법으로 공부를 하는 아이라면 공부가 즐거운 놀이일 수도 있다.

그렇다면 공부를 즐겁게 생각하는 학생의 그 공부하게 하는 힘은 어디서 오는 것일까?

우리의 일상은 수많은 루틴들로 이루어져 있다.

아침에 일어나서 양치하고 세수를 하고, 거의 매일 같은 시간에 아침 식사를 하고, 화장실 가는 시간도 매일 같은 시간일 것이다. 직장에서의 일하는 방법이나 사람을 대하는 태도도 자신은 아니라고 하겠지만 남들이 볼 때는 같은 루틴으로 반복되고 있다. 주말에 운동하는 모습이나 여가 시간을 활용하는 모습도 자세히 관찰해보면 루틴들로 이루어져 있다.

하지만 늘 해가 바뀌면 올해는 바뀌어야지 하면서 마음을 다잡곤 한다.

'담배를 끊어야지, 술을 줄여야지, 살을 빼야지, 운동을 해야지, 요리를 배워야지, 글씨를 잘 써봐야지, 공부를 잘 해야지……' 하면서 어제와 다른 오늘을 꿈꾸며 결심을 다져본다.

하지만 나의 루틴이 변하지 않는 일상에서 나의 오늘은 어제의 반복일 뿐이다. 어제와 다른 오늘을 만들고 싶다면, 어제와 다른 인생을 만들고 싶다면 루틴을 바꾸어야 한다. 어제와 다른 루틴을 만들고, 그 루틴으로 인한 결과에 만족하며 하루하루를 저축하며 살아야 한다.

100년을 살아야 하는 시대에 살고 있다. 나에게 맞는 루틴을 만들어 인생을 즐기면서 살고 싶다.

루틴력으로 인생의 판을 바꾸어야 한다.

스스로를 믿어야 한다. 나를 바꾸고 싶다면, 나에게 변화를 일으키고 싶다면 우선 스스로를 믿어야 한다. 그리고 기다려야 한다. 아주 작은 반복의 힘을 믿어야 한다. 아주 작은 눈덩이가 커다란 눈사람이 되듯이 나의 작은 반복, 나의 작은 변화는 시간의 덧셈을 거쳐서 아주 큰 결과로 나에게 보답할 것이다. 대신 포기하거나 변명을 찾아서는 안 된다. 어떠한 이유로도 설명가능한 핑계를 대서는 안 된다. 아주 작은 반복, 놓치고 가기에는 너무 작은 반복의 힘을 오늘 무조건 해야 한다. 그래야 변할 수 있다.

인생은 하루아침에 변하지 않는다. 오늘 죽어라 하고 무식하게 시도한 도전은 내일 일어나지 못하는 근육통이나 고통을 안겨준다.

하루에 조금씩 아주 작은 반복의 힘을 믿어보자.
그래야 서서히 나아지고, 그래야 서서히 발전하게 된다.
오늘의 루틴으로 내 인생의 판은 이미 달라져 가고 있다.

차례

chapter 4

루틴력으로 인생의 판을 바꿔라

chapter **5**

위기를 기회로 만드는 것이 루틴력이다

chapter 1

루틴력의
놀라운 비밀

루틴력이란
무엇인가?

루틴이란 특정한 작업을 수행하기 위한 일련의 명령이다. 프로그램의 일부 혹은 전부를 이르는 경우에 쓴다. 일반적으로 루틴이라 하면 선수들의 그 어떤 패턴을 떠올리기 쉽다.

야구선수가 타석에 서서 헬멧을 다시 고쳐 쓰고, 장갑을 다시 손질하고, 배트를 두 번 휘두르고, 그리고 엉덩이를 조금 흔들면서 균형을 잡아서 다리를 고정시킨다거나 하는 것.

테니스 선수가 서비스를 넣기 전에 머리는 만지고 코를 만지고, 엉덩이에 끼인 바지를 빼고, 그리고 공을 바닥에 두 번 두드리고 서비스 동작을 시작하는 것.

글을 쓰는 작가가 새벽에 조용히 혼자서 글을 쓴다거나, 또는 아침을 먹고 등산을 하고 글을 쓰는 시간이 되면 책상에 앉아서 무조건 2시간씩 글을 쓴다거나 등등.

하지만 유명한 선수나 작가만 그런 루틴이 있는 것이 아니라 일반인들도 많은 루틴을 가지고 있다.

가령 매일 아침 7시가 되면 골프 연습장으로 클럽을 들고 가서 한 시간씩 공을 치면서 연습을 하는 사람.

퇴근 후 간단한 식사를 하고 라켓을 들고 동네 테니스장으로 가서 운동을 매일 3시간씩 하는 사람.

전면이 유리로 되어 있는 헬스장에서 런닝머신을 타고 거리의 사람들을 보면서 일주일에 3번씩 헬스장을 찾아가서 운동하는 사람.

새벽에 일어나서 매일 첫차를 타고 연구실로 와서 매일 2시간씩 글씨 공부를 하는 사람 등.

우리가 알고 있지 않은 사람들도 각자 나름대로의 루틴으로 하루하루를 살아가고 있다.

그러면 그 사람들이 그러한 루틴을 하게 하는 힘은 무엇일까?

그것이 바로 루틴력이다.

그렇다면 루틴력은 왜 발생하는 것일까? 왜 사람들이 지겨울 수도 있는 루틴적인 생활을 반복하면서 살아가는 것일까?

초등학교 소풍을 생각해보자. 지금은 현장학습이라고 하니 어감이 조금 다를 수도 있겠다.

처음 3월에는 소풍을 언제 가는지 정도만 궁금해 한다. 이번 학기에는 소풍을 언제 가는 것일까?

소풍가기 일주일 전에는 가슴이 조금 뛰기 시작한다. '언제가 소풍이더라……' 하면서.

소풍 가기 이삼 일 전에는 좀 더 벌렁거리는 심장의 소리를 들을 수 있었을 것이다. 그리고 본격적인 준비에 들어간다. 옷을 어떻게 입고 갈 것인지, 가방은 무엇으로 들고 갈지, 엄마는 도시락을 준비하고 있는지, 버스를 타고 가면 누구랑 같이 앉아서 가게 될지 등등 점검을 마치고도 들뜬 기분에 자꾸 콧노래가 나오고 설레기까지 한다.

그러니 소풍 가기 전날에는 자꾸 몸이 들썩거리고 가만히 걸어다니는 것이 아니라 거의 날아다닌다고 해야 할 만큼 몸은 가벼워지고, 목소리는 작은 대답도 하이톤으로 남들이 들어도 기분이 좋아서 미칠 지경이라는 느낌을 갖게 한다. 그리고 자기 전에는 얼굴에 미소를 지으면서 내일 아침이 빨리 오기를 기도하면서 잠드는 모습을 보게 된다.

사실 소풍이라는 것은 피곤함의 연속이다. 아침 일찍 일어나서 잠은 부족하고, 이것저것 챙기다가 아침 등교시간 늦어지기 쉽고, 학교에 가서도 아이들 점검하고 화장실 여러 번 다녀오고, 무거운 짐 가방을 오래 등에 지고 있어야 되고, 교장선생님부터 여러 선생님들의 안전에 조심하라는 잔소리 등 출발 전이 너무 요란하고 아침에 일찍 일어난 피곤함이 몰려오기도 하는 아침으로 채워진다.

그리고 소풍을 가서는 걸어다니는 시간이 길어지고 짝을 지어서 다녀야 해서 마음대로 돌아다니지도 못하고, 때가 되면 모여서 점심을 먹어야 하고, 오후에 조금 놀만하면 다시 학교로 와야 하는 정말 몸이 지치고 힘든 하루의 시간들이다.

그런데 왜 이런 소풍을 가기 전에는 그렇게 기대하고 설레고 잠을 못하게 하는 것일까?

그 무엇이 우리를 그렇게 만드는 것일까?

《아주 작은 힘》의 제임스 클리어는 다음과 같이 서술하고 있다.

"과학자들은 열망이 발생하는 정확한 순간을 추적할 수 있다. 바로 도파민이라고 불리는 신경전달물질을 측정하는 것이다.

도파민의 중요성은 1954년에 부상했다. 신경과학자 제임스 올즈와 피터 밀너가 시험을 통해 갈망과 욕구 뒤에 자리한 신경학적 과정을 밝힌 것이다. 이들은 쥐의 뇌에 전극을 심고 도파민 분비를 차단했는데, 그 결과 놀랍게도 쥐들은 삶의 의지를 잃었다. 먹지도, 성행위를 하지도, 어떤 것에도 열망을 드러내지 않았다. 며칠 지나지 않아 쥐들은 갈증으로 죽었다.

루틴은 도파민이 주도하는 피드백 순환 작용이다. 마약 흡입, 정크푸드 섭취, 비디오 게임하기, 소셜 미디어 검색처럼 고도로 루틴화된 행위는 모두 높은 도파민 수준과 관계가 있다.

음식을 섭취하고, 물을 마시고, 성행위를 하고, 사회적 소통을 하는 등 우리의 기본적이고 루틴적인 행동 역시 같다고 말할 수 있다. 수년 동안 과학자들은 쾌락과 관계된 물질은 도파민뿐이라고 생각했지만 지금 우리는 그것이 수많은 신경학적 과정에서 주요 역할을 하는 것일 뿐임을 알고 있다. 동기, 학습, 기억, 처벌, 혐오, 봉사활동 역시 마찬가지다.

루틴에 관해 기억해야 할 내용은 바로 이것이다. 도파민은 즐거운 경험을 할 때뿐만 아니라 즐거운 경험이 예상될 때도 분비된다는 점이다. 도박 중독자들은 도박에서 돈을 딴 후가 아니라 베팅을 하기 '직전'에 도파민이 분비된다. 코카인 중독자들은 코카인을 흡입했을 때가 아니라 코카인을 봤을 때 도파민이 파도처럼 분비된다는 사실이다."

이제 소풍을 가기 전에 우리가 왜 그토록 잠을 자지 못할 만큼 설레고 기분이 좋았는지가 밝혀졌다. 내 의지가 아니라 내 안에 있는 도파민이라는 물질이 분비되고 그 물질이 나를 기분 좋게 만들어준 것이다.

다시 말하면 매일 아침마다 7시만 되면 골프장으로 향하는 사람은 자신의 정확한 동작으로 골프공이 잘 맞아서 내가 원하는 곳으로 정확하게 날아가는 장면을 예상하기 때문에 꾸준히 연습을 할 수 있는 것이다.

퇴근 후에 매일 테니스 라켓을 들고 테니스장으로 향하는 사람은 상대방이 친 공을 내가 원하는 방향으로 멋진 샷을 날려서 점수를 얻어서 파트너와 파이팅하는 모습을 예상하기 때문에 레슨도 받고 운동하러 가는 것이다.

새벽이나 퇴근 후에 지친 몸을 겨우 일으켜 세워 헬스장을 가는 사람은 운동으로 탄탄해진 내 몸이 헬스장 트레이너같이 될 것이라는 예상을 하면서 운동을 시작하는 것이다.

자 이제 당신의 루틴을 상상해보자.

당신은 지금 어떤 변화를 상상하고 있는가? 이 순간 이후부터 무엇을 새롭게 시작하고 싶은가?

운동이라고 한다면 운동을 열심히 하고 난 후 땀 흘리는 모습을 상상해 보자. 그리고 거기에 만족해하는 나의 모습을 그려보자.

테니스를 하면 페더러 같은 멋진 샷을 날린다면 기분이 어떻겠는가?

헬스장에서 운동 후에 샤워하는 내 모습이 마치 헬스장 관장과 같은 몸이라면?

필라테스 운동 후에 거울에 비친 내 모습이 강사와 같은 몸매로 변해가고 있다면?

동료들과 필드에서 1번 우드로 편안하게 골프공을 쳤는데 평소의 거리보다 훨씬 더 멀리 페어웨이에 떨어진 내 공을 발견한다면?

당신은 지금 움직이고 싶은 욕구로 가득 찰 것이고 무엇이든지 시작하기만 하면 잘 할 것 같은 생각에 사로잡히게 될 것이다.

루틴력으로 가득 찬 내 모습이 멋지지 않은가?

어떤 사람이
루틴력을
가지고 있는가?

루틴력을 가진 사람과 가지지 못한 사람의 차이는 무엇일까? 루틴력은 타고난 것일까? 아니면 만들어지는 것일까? 루틴력을 가진 사람은 주변에 어떤 영향을 미치고 있을까?

우리 주변에는 많은 사람들이 있다. 직장을 다니는 사람, 작은 가게에서 장사를 하는 사람, 먹거리를 파는 사람, 서비스업에 종사하는 사람, 회사를 운영하는 사람 등 수 많은 직업과 장소에서 여러 가지 일을 하며 살아간다. 하지만 저마다의 루틴이나 일은 다르고 성과도 다르다.

그렇다면 루틴력과 성공과는 어떤 연관이 있을까?

건축회사에서 부장을 맡고 있는 L씨의 이야기이다.

"부장님, 부장님은 회사에서 결재만 하면 되니까 시간도 많이 남고 마음이 편하시겠네요?"

"허허, 이 사람. 회사일이 그리 쉬운 줄 알아? 사람 관리하는 일이 얼마나 어려운지를 아직 잘 모르는군."

"아랫사람들이야 그냥 자기 일 알아서 척척 할 텐데 뭐가 어렵다는 거지요?"

"그렇지 않다네. 아침에 시키는 일을 정말 아랫사람이 실수없이 잘 한다면 정말 내가 필요 없겠지. 하지만 잠시 후에 시킨 일을 점검하면 분명히 다른 방향으로 가고 있는 것을 지적해 주지 않으면 안 된다네."

"무슨 말씀인지 잘 모르겠습니다."

"회사 일을 자기 일처럼 처리하지 않는 것이지. 그저 상사가 시키면 시키는 일만 잘 하면 된다는 마음으로 그것도 최선을 다하는 것이 아니라 시간만 보내면 된다는 마음으로 일을 하고 있단 말이야. 그래서 중간 점검도 필요하고, 다시 방향도 잡아줘야 한다는 말일세. 그래서 내가 존재하기도 하고. 내 일이 아침에 지시하고 하루 종일 부하직원들의 일을 돌보는 일이라네."

"그럼 부장님 바로 밑의 직원은 무엇을 하나요?"

"그 사람도 밑의 직원들을 지시하고 관리하는 일을 하지, 하지만 그게 내 마음과는 다르더라고."

부장님의 하루는 아침에 모여서 회의를 하고 하루 동안 할 일을 지시하고 나면 딱히 할 일은 없다고 한다. 다만 부하직원들이 하루 종일 일을 처음에 지시한 대로 잘 하고 있는지 살피는 것이라고 했다. 살피지 않으면 일이 엉뚱한 곳으로 가고 있다고 했다. 그래서 점검을 하지 않을 수 없다는 것이다. 건축회사의 일이라 잘못되면 바로 회사의 손해로 연결되기 때문이다. 하지만 부장의 일에는 한 가지 일이 아니라 살펴야 할 팀이 많다는 것이다. 그러니 하루 종일 여기저기 현장이나 부서를 다니면서 일이 잘 되고 있는지 살펴보는 것이 부장의 일인 것이다.

그렇다면 바로 밑의 과장이나 대리는 무슨 일을 하는 것일까?

조금 전에 말한 부장의 일을 좀 더 세분화해서 맡아서 살피는 것이다. 아직 경험이나 지식, 실력이 부장만큼 미치지 못하는 것이다. 그래서 해결하기 어려운 문제도 있고, 해결할 수 없는 일도 있고, 결정하지 못하는 일도 있는 것이다.

그리고 말단 직원의 일은 무엇일까?

아침에 주어진 일을 제대로 수행만 하면 잘 하는 것이다. 하지만 몸으로 직접 일하는 사람은 조금만 시간이 주어져도 엉뚱한 생각으로 가득 차 있다. 인터넷 검색을 하거나, 개인적인 생각이나 일을 보고, 회사일은 일단 미루기 쉽다. 지금 일을 미룬다고 해서 직접적인 피해가 오지도 않고, 내 일이라고 생각하지 않기 때문에 급하지도 않은 것이다. 그리고 일을 아주 열심히 하지도 않는다. 누구에게나 미루는 루틴이 작용하는 것이다. 자리에서 인터넷을 하고 핸드폰으로 검색을 하고……

물론 위의 이야기는 일반적인 이야기다. 말단 직원이지만 정말 일을 열심히 하는 사람도 있을 것이고, 부장이지만 지시나 일을 잘 못 시키는 사람도 있을 것이다. 하지만 일반적인 직장에서는 아마 비슷한 상황이 벌어지지 않을까?

여기서 루틴력이 있는 사람이라면 어떻게 일을 할까?

말단 직원이나, 중간 직원, 부장은 회사의 일을 자기의 일처럼 여기고 정말 하루의 일을 제 시간에 처리하기 위해서 애를 쓸 것이다.

루틴력을 가진 부장은 마치 사장님처럼 부하직원들을 보살피고 직원들의 팀워크를 위해서 여러 가지 고민도 하고 걱정을 함께 나누기도 할 것이다. 그래서 아침마다 부하직원들의 얼굴을 살펴보기도 하고, 사적인 이야기도 들어보려 할 것이다. 직원들의 아침 컨디션이 그날 일의 성과가 직결되는 것을 알기 때문이다. 직원들의 상담도 시간을 만들어 자주 하려 할 것이고, 직원들의 가정 대소사에 참여하는 것도 부장의 일일 것이다.

중간 계급의 직원이라면 부장님의 뜻을 잘 받들어 최대한 부장이 두 번 지시하지 않도록 부하직원들의 일의 방향과 할 일을 체크하고 잘 하도록 격려할 것이다. 그리고 중간 중간에 부장이 궁금하지 않도록 중간 결과를 보고하고 다시 지시를 받을 수도 있다. 부장의 지시가 잘 이루어질 수 있도록 부하직원들을 더 가까이에서 살펴보는 일을 하는 것이다.

루틴력을 가진 말단 직원이라면 어떻게 일을 하고 있을까?

말단 직원이지만 전체적인 그림을 그리고 오늘 할 일, 그리고 내가 할 일을 알아서 척척 하나씩 해낼 것이다. 내가 오늘 할 일을 미리 정해서 이만큼 하는 것보다, 오늘 할 일보다 더 많은 일을 할 수도 있다. 그리고 시간이 나면 내일 할 일을 미리 준비해둘지도 모른다. 일을 잘 하는 사람은 미리 준비하는 루틴을 가지고 있다. 그리고 더 일이 틀어지지 않도록 안전하게 일을 처리한다. 그래서 늘 일하면서도 즐겁고 행복한 표정으로 일을 하고 있다. 사실 일하는 표정과 그 사람의 언어를 보면 일을 어떤 마음으로 하고 있는지 금방 알 수 있다.

어떤 사람이 루틴력을 가진 사람일까?

사실 부장이라 함은 승진을 한 사람이다. 모든 직원들이 한꺼번에 승진하는 일은 없다. 그래서 성과가 두드러진다거나 뛰어난 실력을 가진 사람, 그리고 회사에 도움이 되는 사람만이 승진할 수 있다.

말단 직원 중에서도 승진하는 사람은 이미 정해졌는지 모른다. 사람이 갑자기 변하는 경우는 드물다.

승진은 회사 일을 내일처럼 아끼고 보살피면서 일하는 사람, 회사의 매출을 나의 매출인 것처럼 기뻐하고 즐거워하는 사람에게 주어지는 보상이 아니던가?

나는 승진이 가능한 사람인가?

나는 루틴력을 가진 사람인가?

현재 나의 모습을 돌이켜 보자.

오늘의 하루 루틴력이 쌓이고 쌓이면 내일의 승진으로, 내일의
연봉으로 다시 돌아오는 날이 분명히 있을 것이다.

만약 아니라면 내일은 조금 달라져 보자.

나의 가슴에 루틴력을 심어 보자.

진짜 루틴력은
절박함이다

루틴력이 없는 사람들은 루틴으로 무장한 사람들을 한없이 부러워한다. 도대체 어떤 힘이 저 사람을 저렇게 열정적이고 성실하게 움직이게 만드는 것일까?

운동을 하려고 하는 사람은 비가 와도 실내에서나 집안에서 관련된 운동을 하고 있고, 공부를 하고자 하는 사람은 어떤 상황에서도 손에서 책을 놓지 않거나 요점 노트를 들고 있는 모습을 보게 된다.

카페나 블로그를 운영하는 사람은 매일 또는 매주 같은 시간이 되면 항상 모니터를 하고 업그레이드를 하고 글을 올리고 있다. 마치 가게를 오픈하는 사람이 매일 같은 시간에 가게 문을 여는 것과 같다고 해야 할 것이다.

상가를 운영하는 사람이 매일 문을 여는 시간이 달라진다고 생각해보자. 아마 그 가게는 곧 문을 닫게 될 것이다. 찾아오는 손님이 사장님의 스케줄대로 가게를 방문할 이유는 1도 없기 때문이다. 얼마든지 다른 가게들이 있기 때문이기도 하다.

루틴도 마찬가지다. 내가 하고 싶은 루틴을 매일 한다는 것은 나의 일과 중에서 그 어떤 일을 추가로 하는 것이다. 매일 실천해서 내 몸에 기억시키지 않는다면 금방 사라질 수 있는 것들이다. 아직 충분한 시간들로 채워지지 않은 루틴은 조금만 방심해도 하루 이틀 만에 사라지는 것을 여러분의 많은 경험을 통해서 배웠을지도 모른다. 작은 루틴은 그 루틴으로 내가 행복해지는 순간을 맛보기도 전에 사라질 수도 있다는 말이다. 그래서 일단은 매일 자주 루틴을 몸에 익혀야 하는 이유이다.

그러면 어떻게 나에게 없는 루틴을 나의 것으로 만들 수 있을까?

토목회사를 다니는 한 친구가 있다. 대학의 토목과를 졸업하고 작은 하청업체부터 지금까지 잦은 부서의 이동과 퇴사, 입사를 경험하면서 시간이 지날수록 직장의 규모가 점점 커지는 것을 알게 되었다. 토목회사인 만큼 현장이 전국 어디에 있을지도 모르고 무조건 회사에서 발령나는 대로 거처를 떠돌게 되다보니 늘 가족과는 떨어져서 지내야 했고 아이들의 성장과정이나 중요한 행사에도 빠지기 일쑤였다.

토목공사라는 것은 변수의 연속이다. 땅을 파고 일을 하다보면 예상치 못한 일들이 부지기수다. 큰 암반을 만나거나 수맥을 만나기도 하고 장비나 날씨에 많은 영향을 받기도 한다. 일이란 역시 사람이 하는 일이라 사람과의 관계도 아주 중요한 역할을 차지하기도 한다.

그러다가 우연히 회사의 게이트와 관련하여 퇴사를 생각해야 하는 어려운 처지에 놓인 경우가 있었다고 한다. 본인도 모르게 연관되어서 더 이상 회사를 다닐 수 없게 된 것이다. 맞벌이가 아니었기에 그 친구는 당장 생계를 걱정하지 않을 수 없었다. 눈앞이 캄캄해져서 아무 일도 할 수 없는 지경에 이르렀다.

그 친구는 며칠을 고민 끝에 다른 자격증을 따기로 결심을 했다.

지금의 자격증보다 한 단계 업그레이드 한다면 더 많은 일자리가 기다리고 있을 것이라는 직감과 함께 퇴사를 하기 전에 우선 자격증 공부를 해서 1급 토목기사 자격증을 손에 쥐고 다음 목표를 결정하기로 한 것이다.

본격적으로 공부를 시작한 친구는 마음이 절박해 일 분 일 초가 아까웠다고 한다. 시험일정을 챙겨보고, 필요한 도서와 참고서를 구입하고 강의를 쉬는 시간마다 들었다고 한다. 회사의 성격대로 잦은 회식과 음주를 최대한 멀리하고 개인만의 시간을 만들어 주말에도 집에 가지 않고 매일 도서관을 다니면서 공부에 집중하게 된 것이다.

이때 만들어진 루틴이 매일 저녁 9시에 자고 새벽 3시에 일어나서 공부하는 것이다. 지친 하루를 마치고 나서 다시 공부에 집중하기란 체력적으로 여간 힘든 일이 아니었다고 한다. 그래서 일과를 마치면 저녁을 먹고 개인 숙소에서 쉬면서 몸을 챙기고 내일 공부할 거리를 준비해 두고 일찍 잠자리에 들었다고 한다.

혼자서 피시방을 가거나 운동을 한다거나 TV보는 시간도 아까워 모든 시간을 최대한 자제하고 일찍 잠자리에 들기를 반복해서 새벽에 일어나는 루틴으로 만들고 나니 공부하기가 한결 수월했다고 했다. 이렇게 해서 절박한 심정으로 짜여진 루틴대로 공부한 결과, 그 어려운 1급 토목기사 자격증을 2달 만에 따서 지금 생각해도 대단한 성과였다고 자부할 정도의 결과를 이루었다.

그 후 친구는 탄탄대로를 걷고 있다. 여기저기서 부를 정도의 인기를 누리며 토목회사의 소장이 되어서 높은 연봉과 여유시간을 마음껏 누리고 있다. 물론 소장으로서의 책임감도 적지 않다고 하소연하지만 그때보다는 훨씬 나은 생활을 하고 있다고 말하곤 한다.

지금도 그 친구는 필요한 공부를 할 때면 저녁에 일찍 자고 새벽에 일어나서 남들보다 먼저 하루를 시작하는 루틴을 가지고 있다. 성공의 경험을 해본 사람은 이제 어떻게 해야 성공하는지 자기만의 방법을 터득해서 이용하게 된다. 물론 그 친구가 이렇게 공부한다고 해서 모든 시험을 다 통과한다는 말은 아니다. 지금 다시 돌이켜보면, 그때 어떻게 그렇게 공부할 수 있었을까 하면서 스스로도 신기해하는 모습을 볼 때면 정답은 절박함이 아닐까 생각한다.

나는 군대를 21살에 다녀왔다. 고등학교를 졸업하고 대학을 여기저기 지원하다가 떨어져서 혼자서 일하면서 재수도 해보고, 지금처럼 인터넷이 발달하지 않아서 재수생 혼자의 결정으로 나에게 맞는 대학을 지원해서 간다는 것이 지금 생각해도 아찔한 경험이었다.

그렇게 시간이 지나 영장이 나오고 군대를 갔는데 들어가는 순간부터 내 머릿속에는 온통 '제대하면 뭐하면서 살지?'였다. 새벽에 일어나서 밤하늘에 보이는 별을 보면서도 미래에 대한 걱정으로 가득 차 있었다. 물론 군대 특유의 문화를 이겨내기도 아주 쉽지는 않았지만 남들보다 처지지는 않았기에 어느 정도 자신이 있었고 '나발은 불어도 국방부 시계는 간다'라는 생각으로 무조건 버티자는 생각이었다.

그러다가 상병 말 호봉 즈음이었던 것 같다. 다시 공부를 해서 대학을 가기로 스스로 결정을 하고 난 후에 나는 군대 오기 전에 보던 참고서와 책을 구입해서 부대로 가져와서는 틈이 나는 대로 공부하기 시작했다. 마치 인생 막다른 골목에 들어선 것 같은 기분이 들었고 무슨 일이 있어도 나는 공부해서 대학을 가야 한다는 생각에 사로잡히게 되었다. 특별한 기술도 없고 인문계 고등학교를 졸업한 내가 할 수 있는 일이 대학 말고는 생각나지 않았던 것이다.

아침에 일어나서 구보를 하고 식사를 하기 전 잠깐의 시간만 나도 얼른 책을 보게 되었고, 식사 후에도 얼른 양치하고 10분 정도의 시간이 나도 책을 보기에 바빴다. 점심시간에도 혼자 있는 시간을 만들고 있었고 저녁에는 본격적으로 한두 시간의 시간을 만들수 있었기에 남들이 방해하지 않는 구석진 곳을 찾아서 공부하기에 여념이 없었다.

하물며 주말에는 밤새 공부하고 싶어서 잠도 자지 않고 몰래 일어나서 책을 보는 나를 보고 주변 동료들이 놀라기도 했다. 나도 내가 왜 이렇게 되어 가는지 이해가 잘 되지 않았지만 급했던 것은 사실이었다.

말년에는 위병소 근무를 하게 되었는데 한 시간의 근무 후에는 두 시간의 휴식이 주어졌다. 나에게는 너무나 소중한 시간이었고 낮 시간의 훈련에 참여하지 않아서 공부하기에는 안성맞춤이었다. 지금도 그때의 사진을 보면 어떤 힘이 나를 그렇게 만들었을까 하는 생각밖에는 떠오르지 않는다.

군대를 제대하고 다시 학원을 다니고 원하는 대학에 들어가서 지금까지 잘 살아오고 있는 모습의 저 밑바닥에는 아마 그 시절의 시간이 채워주고 있음이 틀림없다고 스스로 믿고 있다.

그냥 한번 해볼까 해서 만들어질 수도 있지만 나와 함께 평생을 할 수 있는 루틴은 '절박함의 결정'이라고 말하고 싶다. 가끔 우리는 '어떻게 사람이 그렇게 할 수 있지?'라는 순간들을 자주 접하게 된다. 상식적으로 도저히 이해할 수 없는 능력과 힘이 생기는 것을 어떻게 설명할 것인가?

쉽게 만들어진 루틴은 쉽게 사라지기 쉽다. 몸에 병이 생겨 운동을 해야 하는 사람이라면 아마 그 사람은 평생 운동하는 루틴을 가지게 될 것이고 직장에서 더 이상 밀려날 곳이 없어 마지막 기회라고 생각하는 사람은 더 열심히 살게 되는 루틴을 가지게 될 것이다. 살 찐 당신의 모습을 더 이상 두고 볼 수 없는 사람은 당장 다이어트에 돌입하고 되는 것과 같다. 사실 사람이란 스스로에게 가장 관대하기 때문에 마지막 골목까지 가서야 비로소 행동의 변화를 일으키게 된다.

당신에게 절박함이 없다고?
기다려 보자, 그리고 찾아보자.
나는 무엇이 가장 절박한가?

루틴력의 공통점

세상 사람들은 각자의 루틴대로 인생을 살아가고 있다. 식사하고 세수하는 루틴은 같은 양식이지만 시간대나 나름의 방법이 있을 수 있지만 모두 다 다른 방식과 생각으로 좀 더 자세히 말하면 각자의 루틴으로 인생을 살고 있다. 서로 다른 일을 하면서. 하지만 내가 살아온 인생을 만족하면서 사는 사람도 있지만 좀 더 나은 인생을 살고 싶은 사람이 대부분이다. 누구처럼 글을 잘 쓰고 싶다. 누구처럼 운동을 잘 하고 싶다. 누구처럼 그림을 잘 그리고 싶다.

그 누구는 어떤 루틴을 가지고 있을까?

몇 십 년 동안 러너의 루틴을 가진 무라카미 하루키

소설을 쓸 때는 매일 4시에 일어난다. 대여섯 시간을 쉬지 않고 일을 하고, 오후에는 달리기나 수영을 하고, 이런 저런 일을 하거나 책을 읽고, 저녁 9시가 되면 잠자리에 든다. 건강한 체력, 건강한 일상 속에서 재미있는 글로 세계적인 사랑을 받고 있다.

지금은 은퇴한 일본 야구선수 스즈키 이치로

그는 뉴욕 양키스 시절 동료인 c.c사바시아가 "이치로는 시즌이 끝난 다음날과 크리스마스만 쉬고 하루도 쉬지 않고 훈련을 한다"고 했다. 1년 365일 중에서 2일을 제외하고 363일을 매일 훈련한다는 말이다. 그런 매일을 30년 이상 하고 있었다.

평생동안 15만 점의 그림을 그렸다는 파블로 피카소

10세 때부터 창작활동을 시작해서 92세로 사망할 때까지 82년 동안 매일 하루에 5점의 그림을 그린 셈이 된다. 20~30대 작품들은 잡동사니로 취급받을 만한 작품들도 많았지만 나이가 들어감에 따라 더 원숙하고 후세에 남을 훌륭한 작품들을 그렸다고 한다.

LA다저스에서 올해 캐나다 토론토로 옮긴 메이저리그 류현진

등판 다음날: 어깨 마사지와 스트레칭으로 몸을 회복시킨다

등판 후 2일째: 마사지, 스트레칭, 워밍업과 러닝, 하체 웨이트 트레이닝

등판 후 3일째: 마사지, 스트레칭, 워밍업과 러닝, 상체 웨이트 트레이닝, 롱토스

등판 후 4일째: 가벼운 웨이트 트레이닝 전력질주, 롱토스, 저녁 식사로 감자탕

이렇게 5일간의 등판 일정에 맞추어 반복된 훈련을 하는 야구선수

미국 디트로이트 빈민가 출신의 세계적인 신경학자 벤 카슨

그의 어머니는 자식이 빈민가에서 벗어나길 희망하면서 매일 책을 보는 루틴을 만들었다. 매일 책을 볼 수 있도록 책을 읽고 난 후에 줄거리를 한쪽 적어오라고 시킨 것이다. 도서관에서 매일 책을 읽고 한 주가 끝나면 줄거리를 요약해서 어머니께 드리는 중 가난했지만 자수성가한 백만장자들의 이야기를 읽고 자신도 그럴 수 있을 것이라는 희망을 가지게 된다. 결국 매일 책을 읽는 루틴은 카슨을 대학에 진학하게 했고, 의대에 진학해 유명한 의사가 되었다.

마이크로소프트 공동 창업자 빌 게이츠

독서를 좋아했고, 자신이 읽은 내용을 블로그를 통해 다른 사람과 공유했다. 블로그에는 자신이 읽은 책 내용과 세상과 나누고 싶은 책의 내용들로 가득 채웠다. 그리고 그의 저택에는 640㎡ 면적의 개인 도서관을 갖추고 있다고 한다.

2017년 70세의 나이에 유튜브 실버플레이 버튼을 받은 박막례

고령에도 불구하시고 《이대로 죽을 순 없다》 책도 쓰시고 120만의 구독자를 자랑하는 인싸 크리에이터. 지금 유튜브에 올라온 인기 영상만도 수십 개.

성공한 사람들의 예는 무궁무진하다. 성공한 노하우도 많고 닮고 싶은 모델도 많다. 하지만 성공한 사람만이 가진 공통점은 즉,

루틴력을 가진 사람들의 공통점은 양이다. 질이 그저 그렇다는 말은 아니다. 질을 보장하는 양의 쌓임. 흔히 양보다 질이라는 말을 한다. 하지만 쌓여진 양은 질을 능가한다.

어느 순간 하루아침에 이루어지는 것이 아니라 오랜 세월을 쌓아서 만들어진 것이다. 그만의 노하우나 방법이 없을 리가 없다. 오랜 세월 하다보면 자기만의 공식이 생기고 철학이 생긴다. 그래서 성공하는 것이다.

서울에 와서 처음으로 석곡실에 글씨 공부하러 갔을 때이다.

하석 박원규 선생님께서 공부를 시작하자 하시는 말씀이 "삼분기(당나라 이양빙의 글씨) 100번을 임서하라"고 하셨다. 100번이면 하루에 한 번씩 임서하면 100일이면 되고, 즉 3개월하고도 10일, 이틀에 한 번씩 임서하면 6개월이 걸리는 작업이다. 그것만 하면 된다고 하시니 까짓거 얼른 하고 칭찬받고 싶은 마음이 생겼다. 하지만 3년 공부 내내 나는 삼분기를 100번 임서하지 못하고 졸업을 했다. 60번 정도였던 썼던 기억이 난다.

대학 때는 서예만 하다가 전각이 그렇게 하고 싶었다. 전각이란 돌에 이름이나 호를 새기는 것을 말한다. 칼로 돌에 새기는 작업이 그렇게 멋있어 보였다. 석곡실에 다닌 지 일 년이 지나고 선생님께 전각을 가르쳐 달라고 하니 선생님께서는 "한인(漢印)을 1,000방을 모각(模刻)하라"고 하셨다. 전각은 서예보다 시간이 덜 드니 생각보다 오래 걸릴 것 같지 않았는데 이것 역시 3년 안에 끝내지는 못했다. 5년 정도 걸렸던 것으로 기억하고 있다.

정리하면 양보다 질, 질보다 양. 이런 말로 우위를 따지는 것은 아니지만 양의 중요성을 말하고 싶다. 세상에 하루아침에 만들어지는 성공은 없다. 아니 있을 수 없다. 재주가 남달라서, 비슷한 분야라서 더 빨리 성공할 수는 있을 것이다. 하루 공부해서 성공하는 학생도 없고, 예술가도 운동선수도 없다. 모두 노력의 결과이고 땀의 산실이다.

견뎌야 한다. 이겨내야 한다. 포기해서는 아무것도 얻을 수 없다. 요즘 말로 "하다가 아니하면 한 만큼 이득이다" 하지만 더해서 성공하는 것이 낫다. 그래서 금방 포기하면 안 된다. 빨리 포기하면 안 된다.

하루만 더, 오늘만 더,
참고 견디면 더 멋있는 내일이 기다리고 있다.

더 발전된 나의 모습, 오늘보다 성공한 내일의 모습.
오늘 보낸 시간만큼 내일 더 즐겁고 행복할 것이다.

루틴원의 확장
(루틴의 순환고리)

내가 초등학교 3학년 정도로 어렸을 때의 이야기다. 시골의 아침은 고요하다. 함박눈이 내리는 아침은 사람소리 하나 들리지 않아서 더 고요하다. 이런 날에는 운 좋게 눈이 오는 소리를 들을 수 있다. 세상의 모든 소리가 잠에서 아직 깨지 않아서인지 눈이 내리는 소리를 내 귀로 똑똑히 들은 적이 있었다. 그때 알았다. 눈은 소리없이 내리지 않는다.

함박눈이 쌓이면 아이들은 너나 할것없이 장갑을 꺼내 들고 눈을 뭉치기 시작한다. 눈을 뭉치는 작업은 배우지도 않았는데 어떻게 다들 알고 있는지 신기할 정도다. 그런데 눈 중에는 잘 뭉쳐지는 눈이 있고 뭉쳐지지 않고 잘 부스러지는 눈도 있다. 잘 뭉쳐지는 함박눈이 올 때에는 요즘 말로 대박이다. 아이들은 소리부터 지르고 뛰쳐나간다. 소리치며 뛰어나간 아이들은 본능적으로 눈사람을 만들기 시작한다. 성격이 급해서 작은 눈사람을 금방 만드는 아이가 있는가 하면 남들보다 무조건 더 큰 눈사람을 만들겠다고 무조건 눈덩이만 크게 굴리고 다니는 사람도 있다.

큰 눈덩이를 만드는 방법은 하나뿐이다. 작은 눈덩이를 계속 굴리면 무조건 커진다. 대신 요리조리 여러 방향으로 굴려야 한다. 단단하게 굴려야 한다. 굴리다 깨질 수 있기 때문이다. 그렇게 눈덩이 두 개를 붙이면 눈사람이 된다. 눈도 붙이고, 코도 붙이고, 입까지 붙이면 일단 얼굴은 완성이다. 손을 닮은 나뭇가지를 양쪽에 하나씩 꽂아주면 천상 사람 같다. 그래서 눈사람인가 보다.

눈사람을 한번 잘 만들어본 사람은 두 번째 눈사람은 달라진다. 더 나은 작품이 탄생한다. 요령도 생기고, 꾸미기도 잘 해서 크기도 다양하고 모양도 이쁜 새로운 눈사람이 나타난다.

이렇게 한번 눈사람을 만들어본 사람은 눈사람 만들기가 두렵지 않다. 자신감이 생겨난다. 하지만 눈사람 만들던 자신감으로 보기 좋게 실패한 경험이 있다.

2020년 대한민국의 등산인구는 약 1,500만 명에 육박한다고 한다. 등산은 특별한 장비나 기구 없이 누구나 오르기만 하면 가능하다고 생각하는 쉽게 접근이 가능한 운동 중의 하나이다. 등산을 싫어하는 사람은 있지만 등산이 불가능하다고 생각하는 사람은 없다. 등산은 유산소 운동뿐만 아니라 다리 근력 강화에도 좋은 정말 괜찮은 운동 중의 하나라고 믿고 있다.

실제로 직장 동료 임씨는 퇴근 후 등산을 통해서 다이어트에 성공했고, 맨발로 등산을 하면서 건강을 유지하는 사람도 눈으로 확인했다.

어려서부터 산에서 많은 시간을 보내본 경험이 있는 나로서는 우리 아이들에게도 산을 가까이 하면서 산이 주는 교훈이나 즐거움, 행복을 나누고 싶었다. 그래서 지난 가을 집에서 가까운 북한산에 모든 식구들을 데리고 정상 백운대로 오르기로 하고 새벽에 출발을 했다. 10월이라 아직 해가 뜨지 않아 어두운 산길은 아이들에게 호기심도 일으키지만 작은 그림자만 봐도 무서워서 아빠 뒤에 숨기를 반복하며 손을 놓지 않았다.

가을 산행은 정말 멋진 날씨에 구름 한 점 없는 하늘에 선선한 바람을 상상하겠지만 새벽이라 옷을 많이 입었는데 중반쯤 오르니 힘들고 더워서 옷은 오히려 방해가 되었고, 정상에 가까워지자 어른도 휘청거릴 정도의 골바람 때문에 제대로 서 있기도 힘들 정도였다. 전혀 예상치 못한 날씨에 많이 당황하기만 했고 아이들에게는 미안한 마음뿐이었다.

결국 딸아이는 암벽으로 둘러싸인 정상에 오르지 못했고, 둘째 사내아이만 아빠 따라서 바람부는 백운대에서 겨우 기념사진만 찍고 하산했다. 그날 이후 초3 딸아이는 두 번 다시 산에 오르려고 하지 않는다.

마음이 너무 급했나 보다. 사실 가족들을 데리고 산에 오르기 전에 나는 친구와 함께 백운대를 다녀왔었다. 새벽에 찬 공기도 좋았고, 추웠지만 정상에서 바라보는 서울새벽 야경도 너무 멋졌다. 탁 트인 시야며 밤새 꺼지지 않는 야경, 그리고 정상에서만 느낄 수 있는 기분, 그리고 떠오르는 태양을 바라보면서 느끼는 벅찬 감정. 마치 나라도 세우겠다는 야심찬 포부를 가질 것 같은 정상에서의 기분이었다.

내가 느낀 그대로 우리 아이들에게도 전달되기를 바라면서 얼마나 산이 좋은지 몇날 며칠을 설득하고 달래면서 겨우 데리고 간 산이었는데……. 작전 미스였다.

작은 동네 뒷산부터 자주 다니고 산에서 느끼는 놀이나 감정을 더 가득 채웠어야 했다. 그래서 뒷산은 시시해서 더 높은 산으로 가자고 딸아이 스스로 도전하게 만들었어야 했다. 다리 근력도 더 튼튼하게 만들었어야 했고, 밧줄을 이용한 등산도 미리 경험하게 했어야 했다. 한마디로 준비도, 시간도, 여러 가지로 딸아이에게는 예상치 못한 상황이었다. 이런 경험은 누구에게나 있을 수 있다. 지금도 일어나고 있을지 모른다. 시도만 하고 실패한 경험, 너무 큰 욕심을 부려서 실패로 돌아간 경험. 그 경험에서 배운 것은 무엇인가?

작게 시작해야 한다.

스스로 실패할 확률이 전혀 없는 목표를 세우고, 그 목표를 이루고 난 후에 자연스럽게 그 다음 목표를 세울 수 있는 정도의 작은 시작이어야 한다.

책 읽기도 마찬가지다. 옆집에 사는 목소리만 들어도 아주 똑소리 나는 여자 아이의 이야기다. 그 아이는 책을 무척이나 좋아한다고 했다. 어려서부터 엄마가 하루에 한 시간 이상을 그림책을 함께 읽어주었다고 한다. 도서관에서 주는 '책 읽는 가족'이라는 상장도 받을 정도였으니 얼마나 많은 책을 읽었는지 가히 짐작이 간다. 그 아이는 요즘 줄글책을 하루에 2시간 이상 혼자 읽는다고 한다. 그 아이도 처음부터 책을 좋아한 건 아니라고 했다. 엄마가 그림책 하루에 한 권, 그러기를 몇 달 하다 보니 읽기를 못하는데도 책을 펼쳐 보더라는 것이다. 다시 그렇게 몇 달을 지나니 혼자 소리내어 책을 읽고 있었다고 한다.

누구나 시작은 미약하다. 느끼지 못할 만큼 작게 시작한다. 하지만 쌓이고 쌓이면 그 크기는 무시하지 못한다. 금방 떡하니 나타난 것 같지만 나도 모르는 사이에 '미약이'는 '엄청이'로 바뀌어 있다.

어려서부터 책 읽는 루틴을 잘 만들어 점점 더 크게 만들어 가고 있는 그 아이는 지금은 어떻게 지내고 있을까? 독서량이 궁금해진다. 그래서 친구를 만나면 그 똑순이 안부부터 물어보게 된다.

아직 나의 산행에 대한 꿈은 끝나지 않았다. 나의 꿈은 가족이 함께 태백산맥을 다니며 인간이 자연의 일부로서 겸손하고 겸허히 받아들이는 마음과 자연을 있는 그대로 바라볼 수 있는 직관력과 그리고 등산으로 야무지게 다져진 튼튼한 몸과 정신을 가꾸고 싶다.

특히 겨울산행, 눈으로 쌓인 겨울산을 온 가족이 함께 오르고, 눈 덮인 정상에서 크고 작은 산봉우리를 바라보며 느끼는 감정을 꼭 나누고 싶다. 하산 후에 마시는 따뜻한 어묵국물을 나누고 싶다. 이 모든 과정을 우리 아이들과 함께하고 싶다.

이번 겨울에 당장 할 수 있는 일이 아니다. 지금 생각해도 많은 시간과 수없는 시행착오가 있어야 가능한 일이다. 몇 년이 걸릴지도 모르고 십 년 이상이 걸릴지도 모른다.

딸아이의 상처가 아물어지면 다시 시작할 것이다. 제일 먼저 등산화를 구입해서 뒷산부터 부지런히 다닐 것이다. 마치 산책하듯이, 놀이터 가듯이. 그리고 조금 더 높은 산으로, 조금 더 긴 시간으로 그렇게 채울 것이다.

산을 타는 마음으로 인생을 설계하라고 가르치고 싶다.
산은 우리의 인생과 너무 닮았다.

오르막이 있으면 내리막도 있고, 잠시 쉬기도 하고, 숨이 턱까지 몰려오기도 하고. 산을 오르내리며 산에서 우리의 삶을 배웠으면 좋겠다. 내일은 뒷산이라도 같이 걸어야겠다.

해야 할 루틴
VS
하지 말아야 할 루틴

아침에 일어나면서부터 하루의 루틴은 시작한다. 일어나서 이불을 정리하는 것도 루틴이고 제일 먼저 화장실을 들르는 것도 루틴이다. 이렇게 하루는 온통 루틴으로 둘러싸여 있다. 유치원 때부터 배웠던 기본 생활 루틴처럼 어렸을 때부터 만들어진 루틴도 있고, 어른이 되면서 내 기분대로 편하게 만들어진 루틴도 있다. 하지만 만들어진 루틴은 이제 내 마음대로 되지 않는다. 루틴이 나의 조절을 받기보다는 루틴이 나를 조정한다고 봐야 옳을지도 모른다.

내가 조절하는 루틴은 나에게 도움을 주고 있다. 건강한 몸을 유지하게 하고, 바른 식생활로 행복을 느끼게 한다. 살아가는 재미를 느끼기도 하고, 자연의 풍요를 감상하게도 한다. 반면, 나를 조절하는 루틴은 늘 내 머리 꼭대기에 앉아 있다. 틈만 나면 나에게 들어와서 같이 있고 싶어 한다. 그 사람이랑 같이 있으면 시간 가는 줄 모른다. 벗어나기 힘든 올가미를 가지고 있다. 이런 나쁜 루틴을 중독이라고 부른다.

그러면 나에게 도움을 주는 루틴은 무엇이고, 나를 조정하는 루틴은 무엇인가?

늘 같은 시간에 일어나는 사람은 알람이 울리기 전에 눈이 뜨이기도 한다. 이불을 정리하고, 화장실에서 볼일을 보고 난 후에 세수를 하고, 아침 먹거리를 준비한다. 제시간에 일어나니 기분도 좋고 콧노래가 절로 나온다. 산뜻한 출발을 의미하는 기분 좋은 음악도 들으면서 아침식사를 간단히 하고, 미리 준비해둔 옷을 입고 집을 나선다.

자동차 운전도 마찬가지이다. 안전은 항상 살펴야 한다. 운전하기 전에 차를 둘러보면서 바퀴가 이상이 있는지도 살펴본다. 겨울철에는 시동을 켜고 잠시 기다려야 한다. 황색불에는 정지선을 지키면서 여유 있게 운전한다. 급출발이나 급정지, 깜박이 없이 차선변경 등 나와 차의 수명을 줄이는 행동은 하지 않는다.

직장에서는 밝게 인사하고 웃는 얼굴로 인사하며 옆 사람과도 친절하게 대화한다. 마치 지금 천국에 와 있는 것처럼. 일을 미루지 않고 바로바로 처리하며, 최선을 다해서 상사에게 칭찬도 듣고, 기분 좋은 시간들이 지나간다.

퇴근 후에는 운동을 하거나 여자 친구와 맛있는 식사를 하고 차를 마시고 늦지 않은 시간에 집으로 간다. 씻고 침대에 누워서 뉴스를 보면서 하루를 마무리한다. 되도록 핸드폰을 오래하지 않는다. 잠자리에 들 때는 핸드폰을 머리맡에 두기보다는 되도록 멀리 둔다.

그 외에도 화장실에서 손 씻기, 양말 뒤집어 벗지 않기, 빨래 미루지 않기, 마른 빨래 정리하기, 방청소 자주 하기, 일주일에 3일 이상 운동하기, 경제에 관심 가지기, 메모하기 등 일일이 나열하기 힘든 좋은 루틴의 친구들이 있다. 매일 이런 루틴만 된다면 얼마나 행복해지는가?

하지만 아침에 알람을 듣고도 일어나지 못해서 급하게 일어나 세수는 하는 둥 마는 둥, 그리고 아침은 빵으로 때우고 설거지는 저녁으로 미루고, 옷은 준비하지 못해서 다림질 되지 않은 셔츠에 허겁지겁 차에 올라타 급하게 운전을 한다.

아침이 바쁘면 하루가 바쁘게 돌아가는 법, 없던 회의에 일은 꼬이고, 화가 나지만 나의 실수였고, 퇴근 시간에 눈치 보며 어영부영 한 시간을 핸드폰만 보며 보낸다. 그리고 '이런 날은 한잔해야지' 하며 저녁에 친구와 함께 가벼운 술 한 잔, 하지만 술이 나를 마셔버리고, 택시 타고 겨우 집에 와서는 씻지도 않고 침대에서 바로 잠들어 버린다.

빨래는 밀려서 내일 신을 양말도 없고, 싱크대에 쌓인 설거지는 해치워야지 하는 생각밖에 없다. 방은 정리한 지 오래 돼서 먼지가 쌓여가고, 운동은 늘 새해 결심으로만 마무리된다.

하지만 길거리 헬스장에서 운동하는 사람들을 보면 '나도 언젠가는 저기서 운동하고 있을 거야' 하면서 스스로를 달래곤 하다가 이제는 쳐다보지도 않는다. 남들은 펀드나 주식, 경매나 갭투자 등 다들 귀신같이 잘하더구만 나는 도통 관심도 없고, 메모하는 루틴이 없어서 늘 잊어버리기 일쑤다.

나를 괴롭히는 루틴은 얼마든지 더 있을 수 있다. 아직까지 끊지 못한 담배며, 하루가 멀다 하고 나를 술잔으로 부르는 알코홀릭.

새벽까지 혼자 핸드폰으로 시간 가는 줄 모르고, 게임은 왜 이리 재미 있는지 멈출 줄을 모른다. 가끔은 식욕이 멈추지 않아서 실컷 고기를 먹고 와서도 단 것이 댕겨서 혼자서 과자를 먹고 있고, 이제는 봄에 산 바지가 맞지 않아서 허리띠를 늘려야 한다.

문제는 나에게 무엇이 잘못되고 있는지를 모르고 있다는 것이다. 나를 조정하는 루틴에 제대로 걸린 것이다. 벗어나기 힘들 만큼 나를 조여오고 있다. 다들 이렇게 살고 있다고 믿고 있다. 그리고 한번쯤은 그래도 된다고 생각하지만 이게 하루 이틀이 아니다. 언젠가는 벗어날 것을 기대하기도 하고, 스스로 달라질 수 있다는 착각을 하기도 한다.

내가 조절하는 루틴을 많이 가지고 있는 사람은 또 다른 루틴을 하나 더 할 수 있다. 적극적으로 참여하고 수위를 조절할 수 있다.

루틴에 대해 자신감을 가지고 내 수준으로 만들어 점차 실력을 키워나간다.

자신을 믿는 것이다. 스스로 격려도 할 줄 안다. 포기보다는 생각하면서 가능한 방법을 찾으려고 노력한다. 그리고 실행한다. 그게 다다. 대단한 이유가 있는 것이 아니다. 그렇게 하는 것이 나에게 도움이 된다는 것을 잘 알고 있고, 그래서 다시 도전하고 포기하지 않는 이유이다.

나를 조절하는 루틴에 둘러싸인 사람은 현재의 루틴이 더 강한 힘을 발휘한다. 악마의 심부름꾼이다. 루틴을 조절하고 끊기가 너무 힘들다. 그 달콤함을 이미 알아버려서 내가 끊으려고 해도 몸이 말을 듣지 않는다. 적당한 시기가 되면 몸이 알아서 반응을 한다.

달콤한 늦잠도, 한 끼의 식사를 걸러도, 어쩌다 하는 게임도, 하루정도는 핸드폰에 빠져도 괜찮다는 생각이 머리를 스치고, 몸은 이미 준비 자세를 취하고 있다. 몸도 근육이 줄어들고 임산부처럼 D자형을 닮아가고 있다.

'하루가 다르게 왜 이리 나만 늙어가지?'

사람은 행복해지고 싶어 한다. 지금 행복하지 않더라도 언젠가는 행복할 것이라고 믿고 있고, 행복으로 한걸음 나아가기를 좋아한다. 스스로 불행으로 가는 사람은 없다. 불행해지기 위해서 노력하는 사람도 없다. '내일은 오늘보다 더 많은 담배를 피울 거야'라

거나 '오늘보다 내일 더 많은 술을 마실 거야'라고 생각하는 사람
은 없었다. 나에게 도움이 되는 것은 더 하고 싶고, 도움이 되지 않
는 것은 되도록 끊고 싶어 한다. 적어도 마음은 그렇다.

루틴은 루틴으로 버티고 이겨야 한다. 좋은 루틴은 다른 좋은 루
틴을 부르고, 나쁜 루틴은 다른 형제들을 불러 모은다. 아침에 일
찍 일어나기 때문에 아침 식사가 여유 있고 맛있는 것이고, 오후에
운동을 하기 때문에 건강 체질이 되는 것이다.

하지만 술을 자주 마시는 루틴은 인스턴트 안주를 자주 먹어서
배는 나오고 체력은 떨어진다. 다크서클은 늘 얼굴에 자리잡아 있
고, 아침에도 숙취가 깨지 않아 머리가 깨질 듯이 아픈 것이다.

하나씩 만들어보자. 하루에 하나의 루틴을 제거하고 좋은 루틴
하나를 만드는 일은 금방 포기할 확률이 높다.

루틴에는 강력한 힘이 있다. 하루아침에 제거하기 힘든……. 적
어도 일주일에 하나씩 천천히 그리고 강하게 밀어붙이자.

나의 악마로부터 벗어나 행복으로
한걸음씩 조금씩 옮겨보자.
당장 내일 아침부터 시작이다.

어제와 같은
오늘

학교라는 곳은 굉장히 강한 루틴으로 이루어져 있다. 아침에 아이들이 모이는 시간이 들쑥날쑥하지 않고 거의 매일 같은 시간에 등교하고, 정해진 시간에 수업을 시작하고 마치고, 수업을 마친 후에는 아이들이 방과후 수업을 듣고, 집에 돌아갈 시간이 되면 한꺼번에 아이들이 사라지고 없다.

틀에 짜여진 대로 움직이다 보니 교사인 나도 생활이 루틴으로 움직인다. 교재연구를 하고, 수업을 하고, 함께 식사를 하고, 공무원으로서 공문을 처리하는 등등.

물론 매일의 시간들이 어제와 같지는 않다. 오늘 갑자기 다른 일이 일어나기도 하고, 아이들이 다치거나 사고가 일어나기도 하고, 개인적인 집안일에 문제가 생겨서 일정을 수정해야 하는 날도 있다. 겉으로 보기에는 매일이 똑같이 반복되는 일의 연속이다.

그렇다면 우리는 언제 어디서 성장하는가?

아침 7시, 나는 차에 시동을 걸고 라디오를 켜고 음악을 들으면서 출근을 한다. 7시 30분에 학교 주차장에 도착, 주차장 제일 안쪽에 어제와 같이 주차를 하고, 7시 40분에 교실에 도착한다. 그리고 오늘 할 일을 적어보고 하나씩 처리해 간다.

교재연구도 하고, 간단한 업무처리도 하고, 시간이 걸리는 일은 오후로 미루어둔다. 아침에 다 하기에는 시간이 모자라기 때문이다. 간단히 기분 좋게 커피도 한잔하고, 운동장을 보면서 잠시 생각에 잠기기도 한다. 이런 시간들을 마칠 때쯤 아이들이 하나 둘씩 교실로 오기 시작한다. 반가운 얼굴로 인사를 하고 아이들 얼굴을 살펴보며 오늘 기분을 파악한다. 가끔 아침부터 혼나서 오는 아이들이나 등교하는 동안에 안 좋은 일이 있는 아이의 얼굴은 이미 찌그러져 있다.

"왜 그래? 무슨 일이 있었어?"

하는 말 한마디에 울음을 터뜨리고 엉엉 우는 아이도 있고, 어제 혹은 아침에 엄마에게 혼이 났던 일을 미주알고주알 이야기하는 아이도 있다.

"괜찮아. 다 너를 걱정해서 하는 말인 거야. 엄마가 얼마나 너를 사랑하는지 알지?"

하면서 한번 안아주면 아이는 금방 풀어진다. 그리고 아무 일 없듯이 웃으면서 하루를 시작한다.

일 년에 몇 번 정도 아침 출근이 늦어지는 날이 있다. 너무 피곤해서 늦잠을 자는 경우도 있고, 새벽까지 일을 하거나 잠을 못자서 아침에 겨우 일어나는 날이 있다. 학교 주차장에 도착하면 주차할 자리도 없고 제대로 된 자리도 없다. 아침에 일어나는 시간이 늦어지면 하루가 틀어진 느낌이다.

교실에 도착하는 시간도 늦어지고, 하루를 준비하는 시간은 십 분 안에 끝내야 한다. 정신없이 후루룩 끝내야 한다. 당연히 등교하는 아이들이 눈에 들어오지 않는다. 누가 왔다가 갔는지도 모른다. 여유 있게 커피 한잔 할 시간도 없고, 짜증으로 하루를 시작한다.

수업시간도 즐거울 리 없고, 나와 아이들 간의 거리는 이미 멀어져 있다. 이런 날은 직장 상사에게 혼나기도 쉽다. 일이 틀어지기 때문이다. 뭐 하나 잘 되는 일이 없다.

이런 날은 오후에 운동을 해도 나쁜 일진이 이어진다. 다치거나, 게임이 안 풀리거나 그리고 스스로 자책한다.

'오늘은 안 되는 날이구나.'

매일 아침 버스와 전철로 출근하는 사람이라면 더 완벽한 루틴으로 무장해야 한다. 아침에 일어나는 시간과 아침시간을 어떻게 보내는 것과는 상관없이 버스 출발 시간을 맞추어야 한다. 배차간격이 아무리 좁아도 버스 출발 5분 차이는 도착 5분 후를 말하는 것이 아니기 때문이다.

일찍 일어나지 않으면 마음이 바빠지기 시작하고 준비하는 도중에 잊어버리는 일도 많다. 서두르다가 커피를 쏟기도 하고 가방을 바꿔 매고 나오기도 한다. 중요한 약속을 잊어버리기도 하고 지갑을 두고 오기도 한다. 버스에 타서도 마찬가지다. 서두르며 시작하는 아침은 하루의 여러 가지 일들도 엉켜지고, 복잡하다.

괜히 옆 사람이 더 밉게 보이기도 하고 더 예민해져서 신경질을 부리기도 한다. 오늘 따라 운전자는 왜 이리 심하게 난폭운전을 하는지……. 아침의 모든 틀어진 루틴이 업무의 스트레스로 이어지는 것은 불 보듯 뻔한 일이다.

같은 시간에 일어나고 같은 시간에 식사를 하고 같은 시간에 집을 나서는 일상. 겉으로 보기에는 너무 따분해 보이는 하루지만 이 따분함이 깨어지는 날은 정말 생각하기 싫은 일들이 일어난다.

하지만 과연 오늘은 어제의 같은 시간의 반복일까?

사람은 생각하는 동물이다. 무슨 일을 하든지, 어느 순간이든지 생각을 하면서 지나간다. 그러나 바쁘게 일을 하다보면 내 생각이 끼어들 틈이 없는 순간들이 있다. 모든 일을 생각할 필요 없이 처리되는 간단한 일도 있지만 대부분의 일은 생각을 하면서 처리하게 된다. 하지만 많은 생각에서 우리는 성장한다.

여유가 있다는 말은 생각할 시간이 많다는 말이기도 하다. 그만큼 성장할 시간이 많다는 말이 된다. 달리는 차 안에서도, 버스에서도 우리는 생각을 멈출 수 없다. 많은 생각을 하고 난 후의 일어나는 행동에는 변화가 일어난다. 성장하는 순간이다.

어제와 같은 오늘 같지만 어제의 생각이 이어지지 않고 어제의 생각처럼 행동하지 않는다. 어제와 같은 일상이지만 그 속에서 생각하고 성장하고 있는 것이다.

반복적인 행동에도 성장은 일어난다. 헬스장에서 매일매일의 근력운동은 내일 더 무거운 바벨을 들어 올릴 수 있고, 오늘의 스윙 연습은 내일 더 빠른 속공으로 이어지기도 한다.

매일 5킬로미터의 런닝이 쌓여서 내일은 1킬로미터를 더 달릴 수 있는 것이고, 매일 한 시간의 독서는 더 많은 책을 읽게 하거나 더 많은 시간을 할애할 수 있다.

잘 짜여진 루틴이라면 어제와 똑같아야 한다. 오늘 하루에서 내일도 해야 하는 루틴이라면 내일도 오늘과 같아야 한다.

매일의 반복적인 따분한 일상으로 느껴지는 작은 루틴들을 무시해서는 절대 안 된다. 결국 그 루틴들이 오늘의 나에게 주는 선물이다.

오늘의 루틴을 잘 이루어내면
내일은 다른 선물이 기다리고 있을 것이다.
따분한 오늘을 무시하지 마라.

chapter 2

루틴이
답이다

루틴의 본질

코로나19로 인해 우리나라 학교의 수업이 원격수업으로 대체되고 실시간 쌍방향 수업으로 많이 이루어졌다. 각 가정에서 자가격리된 아이들은 처음에는 학교뿐만 아니라 학원도, 레슨도 가지 않으니 기쁜 마음을 숨길 수 없었지만 깨어진 루틴으로 각 가정에서 지루하고 힘든 나날을 보내고 있었을 것이다.

올해 초등학교 4학년이 되는 딸도 아침에 일어나는 시간은 일정하지만 책을 읽으라는 엄마의 잔소리는 들을 때뿐이고, 유치원에 가지 않는 어린 동생과 함께 하루 종일 역할놀이나 먹거리로 하루하루를 보내는 바람에 몸의 무게가 점점 늘어갔다.

다행히 감기나 코로나19에 걸리지 않아서 건강하게는 보냈지만 집에 있는 동안 아이의 시간표 관리를 한다는 것은 여간 어려운 일이 아니었다. 다행이었던 점은 우리 집에서는 컴퓨터 사용을 금하고 있었고(특별한 경우에는 허용했다), TV도 일주일에 한번 일요일 오후에만 시청을 하게 해서 아이들이 미디어 중독에 대한 걱정은 크게 하지 않았다.

다만 먹거리를 사러 갈 때 잠시, 그리고 앞마당에서의 줄넘기 정
도로 건강을 유지하며 답답함을 달래곤 했다. 그 동안 함께하지 못
했던 엄마, 아빠와 많은 시간을 보낼 수 있었던 점이 유일한 희망
이었다.

친구네는 아들만 둘이다. 큰 아이가 중학교 1학년이 되고, 동생
은 올해 초등학교 1학년이 된다. 중학생이 된 큰 아들은 하루에 몇
시간씩 온라인으로 친구들을 만나고 있다. 자기 방에서 헤드폰을
쓰고 큰 소리로 게임에 빠져 있고, 가끔씩 튀어나오는 욕설과 짜증
은 엄마 아빠도 듣기 힘든 정도였다고 한다. 처음부터 그런 생활이
었던 것은 아니었다. 처음에는 책도 보고, EBS방송으로 공부도 하
고, 하지만 일주일이 지나고 한 달이 다 되어 가니 아이도 점점 더
힘들어 해서 하루에 한두 시간씩 게임을 허용했던 것이 화근이었
다. 4주가 지났을 때는 아예 아침에 일어나자마자 컴퓨터에 앉더라
는 것이었다.

밤에 몰래 일어나서 새벽까지 게임하다가 자는 경우도 있었고,
밤에 잠을 설친 날은 낮에 하루 종일 잠을 보충했는데 알고 보니
다시 밤에 친구와 같이 게임하기 위한 작전이었던 것이다.

큰 아들의 루틴이 이렇게 흘러가니 동생도 당연히 게임기를 찾
는 시간이 많아졌다는 것이다. 혼자 보는 책은 잠시이고, 집에 있

는 장난감을 가지고 놀기도 했지만 금방 돌아서면 혼자 게임기로 눈이 가 있더라는 것이다. 말리는 것도 한 두 번인지 매번 엄마가 함께 놀아주기도 힘들어서 아예 오전 2시간, 오후 1시간 이렇게 시간을 정하기도 했다고 했다.

솔직히 말하면 아이들 보다 엄마가 더 힘들어 했다는 후문이다. 매일 아이들이 학교에 가면 집안 청소에 빨래에 설거지까지 일을 마치면 혼자서 조용히 책을 보기도 하고 휴대폰을 만지며 친구의 안부를 묻기도 하고, 옆집 아줌마와 같이 동네에 있는 카페에서 차를 마시며 수다로 시간을 보내기도 했었는데…….

큰 아들뿐이라면 밥 차려주고 엄마라도 조용히 시간을 보내면 좋은데 작은 아들이 늘 고민이었다고 했다. 작은 아들은 밥도 챙겨주어야 하지만 위험하게 놀지 않은지 지켜봐야 하고 또 간식을 자주 달라고 해서 혼자 둘 수가 없었다는 것이다.

이렇게 코로나19로 시작된 온 가족의 가정생활은 가족 모두를 힘들게 했다. 재택근무를 하지 않는 아빠를 원망해야 할지, 아빠라도 직장생활을 이어가며 정상적인 생활을 누리는 것을 기뻐해야 할지 친구네 가족은 한동안 해답을 찾을 수 없었다고 했다.

그 동안 학교의 존재를 잊고 있었다. 그저 나이가 되면 아이가 학교를 가고, 적어도 오전의 휴식은 엄마에게 또 다른 위안이고 가정을 돌볼 수 있는 기회의 시간이었다. 유치원을 마치고 아이가 오면 다시 엄마는 가정으로 돌아와 살림이며 육아에 온 정성을 쏟아 내야 했다.

사춘기 아이들의 일탈이나 방황도 학교 선생님들의 몫이었다. 수업도 중요하지만 아이들의 생활지도, 학교폭력예방교육 등 하루 종일 또래 아이들을 좁은 교실에 모아두고 사고를 일어나지 않는 것이 오히려 기적일 수도 있다. 그만큼 학교 선생님들의 수고를 잊고 있었다.

하지만 학교에 가지 않는 삶을 상상도 해보지 않았는데 갑작스럽게 닥쳐온 위기는 우리 모두를 당황하게 만들었다. 그나마 다행인 점은 국민 모두를 자가격리하지 않은 점은 오히려 감사한 일일 것이다.

학교를 다니는 학생의 삶은 학교를 다니기 위한 루틴으로 만들어진다. 아침에 일찍 일어나서 세수를 하고 밥을 먹고 학교로 간다. 오전에 수업하고 점심은 급식으로 해결하고 다시 오후 수업. 그리고 방과 후 수업이나 학원으로 가는 아이들.

이 아이들이 집으로 돌아오는 시간은 빨라야 오후 5시나 저녁이 되고 늦게 오는 아이들은 저녁 9시 이후가 될 수도 있다. 이렇게 빡빡한 하루를 보내는 아이들의 루틴이 깨져버린 것이다.

가만히 돌이켜보면 학교의 시간표대로 움직이는 학생의 삶은 남은 인생을 살아가기 위한 루틴을 만드는 시간이기도 하다 초등학생의 루틴적인 삶으로 중학교를 이겨내고, 다시 중학교는 고등학교를 위한 준비의 루틴이다. 이렇게 고등학교를 졸업하면 다시 대학에 진학하거나 취업해 직장에서의 새로운 루틴을 만나고 다시 루틴에 적응을 해간다. 군대도 마찬가지다. 처음에는 모두 낯설고 두려워하지만 몇 달이 지나고 적응의 시간이 지나면, 즉 군대의 루틴이 몸에 익혀져서 아침에 일어나는 것도, 새벽에 근무 서는 것도 그리 힘들게 느끼지 않는 것이다.

그래서 학교생활이 중요하다. 평소에는 모르고 지나쳤던 소중해 보이지 않던 시간들의 소중함을 절실히 느끼게 해 주었다. 따분하고 지루하고 재미없는 루틴의 연속이었다. 그러나 루틴의 뒷면을 비로소 알게 된 것이다.

아이들이 좋아하는 젠가라는 보드게임이 있다. 그 게임에서 지는 자는 한 조각으로 무너진다. 루틴도 마찬가지다. 평소에 아무것도 아닌 것 같은 작은 루틴이 무너지면 감당하기 힘들어진다. 따분하고 지루하고 재미없는 루틴이 여태껏 나를 성장시키고 있었고 나를 채우고 있었다. 이처럼 루틴의 본질은 크고 위대하고 어마어마한 것이 아니라 작고 따분하고 지루한 것이었던 것이다.

의식조차 하지 못했던 작은 루틴의 본질. 그 작은 약속을 지키고 이겨내는 힘, 그것이 바로 루틴의 본질이고 루틴의 힘이었다.

오늘의 나는
어제의 루틴이 만들어 준 선물인 것이다.

재능을 키우는
결정적 키

"계속해서 실패하라. 그것이 성공에 이르는 길이다. 진공청소기를 시장에 내놓기까지 5년 동안 5,127개의 모형을 만들었다. 완성품 이전을 모두 오류라고 본다면 5,126개의 모형을 실수로 볼수 있다. 실수나 실패는 발견에 한 발짝씩 다가가는 과정이므로 성공만큼 값지다. 이것이 내가 새내기 개발자들에게 '계속해서실패해라, 그것이 성공에 이르는 길'이라고 말하는 이유다. 나는 실패를 사랑한다."

날개 없는 선풍기, 날개 없는 핸드 드라이어, 먼지봉투가 필요없는 진공청소기를 발명한 영국의 다이슨사의 제임스 다이슨은 그의 자서전《계속해서 실패하라. 그것이 성공에 이르는 길이다》에서이렇게 말하고 있다.

5,126번의 실패를 우리는 어떻게 이해해야 하는 것일까?

무모함일까? 아니면 도전만 하는 바보일까? 대부분의 사람들은 몇 번의 실패만으로도 포기하게 되는 경우가 다반사다. 실패를 무기삼아 다시 도전하고 다시 일어서고, 계속되는 실패에도 포기하지 않고 일어서는 그 힘. 그 힘이 바로 재능이다.

보통의 사람들이 몇 번의 실패로 포기하게 되면서 하는 말이 "나는 재능이 없나봐"라고 말한다.

하지만 실패에도 굴하지 않고 끊임없이 반복하여 마침내 자신이 목표한 목적지에 다달았을 때 그 도전은 이미 재능이 되어 있는 것이다. 그리고 우리는 그 사람에게 "재능이 있다"라고 말을 한다.

수영선수 박태환에게 수영에 재능이 있다고 말을 하고, 피겨 스케이팅 김연아에게 스케이팅에 재능이 있다고 말하기 쉽지만 재능이 있기 이전에 그 선수들이 정상에 오르기까지 얼마나 힘들게 노력하고 얼마나 많은 실패를 경험했는지를 이해하는 사람은 많지 않을 것이다. 박태환 선수가 하루 중에 몇 시간을 물에서 지냈는지, 온갖 부상으로 여기저기 멍든 김연아 선수의 발을 한번이라도 본 사람은 재능 이전에 그 선수의 노력과 고통의 시간을 생각하지 않을 수 없다. 재능을 믿고 노력하지 않고 연습하지 않았다면 오늘의 박태환이나 김연아 선수는 탄생하지 않았을 것이다.

다이슨의 5,126번의 실패에도 다시 그 다음 과제에 도전을 할 수 있는 그 힘, 그 재능을 다시 일으켜 세우는 힘은 어제까지의 도전이 쌓아온 루틴이 있었기 때문이다.

"여지껏 트럭은 똑같은 모양을 하고 있었죠? 지난 100년 동안 똑같았죠. 그 동안의 트럭이 모두 똑 같아서 우리는 새로운 시도를 하려고 합니다. 테슬라 사이버 트럭을 최초로 공개합니다."

테슬라의 일론 머스크가 사이버 트럭 신차 발표회장에서 한 말이다. 그리고 영화에서나 나올 법한 디자인을 한 트럭 한 대가 연기 사이로 천천히 나타났다.

여기서 일론 머스크는 새로운 시도를 한 번 더 강행한다. 쇠구슬로 사이버 트럭 유리창에 던져보고, 덩치 큰 남자가 해머로 트럭 문짝을 힘껏 찍어보기도 한다. 일반 자동차처럼 유리창이 산산조각 날 줄 알았는데 '방탄 유리인가?' 할 정도로 강했고, 해머로 찍어본 문짝은 정말 작은 홈도 찾아보기 힘들었다. '대단하다'라는 생각만 들었다.

어느 일요일 오후, 하남의 대형 쇼핑센터에서 마주한 테슬라를 보고 자동차에 대한 생각이 바뀌었다.

세계적으로 유명한 슈퍼카들이 얼마나 많은가? 포르쉐, 페라리, 맥라렌, 람보르기니 등등. 하지만 엄청난 가격과 멋진 디자인, 감히 보통 사람이 접근하기 힘든 가격은 갖고 싶다기보다 동경의 대상으로만 남아 있던 자동차의 꿈이었다.

하지만 테슬라 매장에서 본 전기차는 다시 한 번 더 자동차에 대한 생각을 바꾸어 놓았다. 군더더기 없는 디자인, 수려한 외모, 그리고 가전제품 같은 간단하고 편리하고 조작, 내연기관의 덜덜거림이 없는 조용하고 넓은 공간.

테슬라 모델S의 가격이 1억 이상이지만 모델3의 가격은 전기차 보조금을 받으면 지금의 흔한 수입차보다 비싸지 않다. 이제 가격도 접근이 가능해졌다. 당장 계약금만 있으면 딜러의 유혹없이 홈페이지에서 바로 자동차를 신청할 수 있었다.

그날 우리 가족은 매장에서 옷을 사듯이 자동차를 주문하고 말았다. 사실 내가 테슬라에 반한 건 처음에는 디자인이었지만 테슬라 전기차의 작동원리였다. 기존의 자동차 회사에서 생산되는 자동차는 연료가 기름에서 전기로 바뀌었을 뿐 여전히 엔진을 이용한 자동차였다. 하지만 테슬라의 자동차에는 엔진이 없었다. 바퀴를 움직이는 건 모터가 전부였다.

세상에 없던 자동차를 만들어 내는 기술, 세상에 없는 하나뿐인 자동차를 만들겠다는 신념. 그리고 끊임없는 도전, 이것을 재능이라고 말할 수 있을까?

하지만 성공한 후에 사람들은 재능이 있다라고 단정지어버린다. 반대로 나는 재능이 없어서 못하는 것이라고 생각하고 있다.

내가 글씨를 20년째 연구하고 있다면, 한 가지 운동을 20년 이상을 하고 있다면, 나는 운동에 또는 글씨에 재능이 있는 것일까? 아니면 나에게 재능이 되어버린 것일까?

몇 번의 실패로 사람들은 재능이 없다고 답을 내리고는 다른 분야를 찾게 된다. 운동이든, 취미든, 하물며 주방의 작은 칼질이나 종이접기까지.

하지만 작은 시도가 나의 재능이 될 때까지 끊임없이 도전하고 노력해본 경험이 있는가?

설마 지금 잘 하고 있는 분야나 성공한 분야를 나의 재능으로 돌리고 있지는 않은가?

지난날의 노력이나 도전, 그리고 열정은 지나고 보면 아무것도 아닌 것 같고, 누구나 하는 일처럼 보이지만 그 일을 해낸 본인조차도 다시 하라고 하면 쉽게 해내지 못할 것이다.

그렇다. 타고난 재능도 있다. 하지만 타고난 재능보다 만들어진 재능, 새로 개발된 재능, 지금 이룬 성공을 만든 결정적인 키는 무엇일까?

그것은 어제까지 당신이 지켜내던 루틴에 답이 있다.

매일 매일의 작은 노력, 작은 하루는 쌓여서 한 달이 되고 일 년이 되고 십 년이 된다. 그리고 다시 그 세월은 재능이 된다. 재능은 타고나기도 하지만 보통은 만들어지는 것이 대부분이다. 타고난 재능으로 평생을 먹고사는 사람은 없다. 타고난 재능이지만 평생을 갈고 닦아서 그 분야의 독보적인 존재로 거듭나는 것이다. 한번 더 재능을 만들어가는 것이다.

그렇다. 재능을 만들어야 한다. 타고난 재능만 찾다가 평생을 허비하지 말고, 시간 낭비하지 말고 나에게 맞는 재능을 만들어야 한다. 만들면 나의 재능이 되는 것이다. 그래서 노력해야 한다. 그리고 달려야 한다. 그래서 오늘의 루틴이 중요한 것이다.

먼 훗날 나의 재능을 위해,

그 재능으로 웃고 있는 나를 위해,

오늘도 나는 오늘의 루틴에 매달려야 하는 것이다.

나에게
루틴이 있을까?

"내 전화번호를 모르고 있다고?"

어쩌다가 친한 사람으로부터 듣는 잔소리다. 전화번호를 외우지 않고 핸드폰에 저장만 하면 되는 세상인데 일부러 전화번호를 외우고 있는 사람이 있을까? 내가 이상한 건가?

스마트폰이 나오기 전만 하더라도 나는 정말 많은 양의 전화번호를 외우고 있었다. 물론 그때도 번호를 저장만 하면 별도로 외울 필요가 없었다. 하지만 일일이 번호를 확인하면서 통화를 했기 때문에 가족은 물론이고 친구들의 전화번호를 거의 외우다시피 하면서 살았다. 하지만 이제 더 이상 번호를 외우지 않고 한두 개의 번호 외에는 머리에 떠오르는 전화번호가 없다.

스마트폰이 세상에 나오면서 우리의 삶에도 많은 영향을 미쳤다. 스마트폰이 나오기 전 사람들은 컴퓨터를 통해 인터넷을 접속했다. 불편하고 힘들어도 데스크탑이나 노트북을 켜야만 인터넷 세상으로 접속이 가능했다. 이제는 달라졌다. 손안에 있는 작은 스마트폰으로 인터넷을 접하게 되자 사람들은 손에 있는 스마트폰에서 눈을 뗄 수가 없어진 것이다. 버스에서도, 지하철에서도, 심지어 운전 중에도 스마트폰을 들여다보고 있는 사람들을 보게 된다.

집에서도 마찬가지다. 스마트폰이 나오기 전에는 가족이 거실에 모여서 TV를 보고 이야기를 나누었지만 이제는 각자 방으로 들어가서 각자의 스마트폰을 들여다본다.

인터넷 기사나 유튜브 방송, 그리고 TV 다시보기까지 스마트폰으로 안 되는 것이 없을 정도다. 라디오도 스마트폰으로 듣고, 공부도 스마트폰으로 한다. 이제는 방송까지 스마트폰으로 가능한 시대다.

그러다 보니 현대인들은 저녁에 잠을 자지 않는다. 스마트TV나 스마트폰으로 모두 각자의 방에서 시간 가는 줄 모르고 인터넷을 검색하거나 유튜브를 검색하거나 TV 다시보기를 새벽까지 누르고 있다.

넷플릭스는 온 지구의 방송이나 드라마까지 볼 수 있게 해 놓았으니 잠자는 시간이 아까울 정도다. 스마트폰이 사람을 재우지 않는다. 그래서 아침에 일어나는 것이 힘들 수밖에 없다. 아침에 일어나는 것이 힘들면 하루가 힘들어진다. 하루가 피곤하고 일도 하기 싫어진다.

바로 모닝루틴이 필요한 이유다. 아이들과 함께 지내는 주말에는 밤 9시가 되면 아이들을 재우려고 온 가족이 불을 끄고 함께 잠을 자는 분위기를 만든다. 물론 바쁜 일이 있을 때는 아이들을 먼저 재우고 다시 일을 하지만 그렇지 않은 경우에는 함께 잠드는 경우도 많다. 저녁에 일찍 잠을 잔 다음날 아침에는 일찍 눈이 떠진다. 기분도 좋고 컨디션도 최상이다. 아이들이 그렇게 예뻐 보일 수 없다. 아침이 상쾌하니 하루 종일 같이 놀아주어도 덜 피곤하다.

하지만 평일에는 서울에서 직장이 멀어 출퇴근하기가 사실상 힘들다. 나의 체력이 약한 것이 제일 큰 문제겠지만 직장의 일이 많은 것이 사실이다. 퇴근이 늦은 날에는 직장 근처 관사를 이용하고 있다. 관사에서 혼자 잠을 자려고 자리에 누워서 스마트폰을 만지게 된다. 눕자마자 잠이 들지 않기에 '조금만 하다 자야지' 하는 마음은 처음에만 드는 생각이고 밤새 스마트폰을 들여다보고 있는 나를 발견하게 된다. 한두 시간이 아니라 서너 시간이 훌쩍 지나도 모를 정도로 자리에 누워서 작은 스마트폰을 쳐다보고 있는 것이다.

아침에 알람소리에 맞추어 일어나긴 하지만 몸은 천근만근이다. 눈은 뻘겋게 충혈되어 있고 컨디션도 엉망이다. 스스로에게 화가 나 있는 표정이고 뭔가 찌뿌둥한 느낌을 지울 수가 없다.

아침이 짜증나면 하루가 짜증으로 물들어버린다. 되는 일도 없다. 머피의 법칙이 떠오른다. 마치 화가 나서 폭발하기 일보 직전의 사람처럼 불만이 차곡차곡 쌓여간다. 이런 날은 운동도 안 되고 아무것도 아닌 일로 집사람과 싸우기도 한다. 가만히 생각해보면 어제 일찍 자지 못해서 일어난 일인데 하루가 온통 엉망으로 만들어진다. 스스로 자책하면서 자괴감에 하루를 마무리하게 된다.

루틴을 이야기할 때 장모님의 일과를 살펴보면 잘 나타나 있다.

주말에는 거의 매주 처갓집을 방문한다. 맞벌이이기에 반찬도 챙기고 집을 떠나 잠시 여행하는 기분도 들고, 산후 조리로 자리 잡은 후 처갓집 방문은 이제 주말의 일상이 되었다.

장모님에게 자식은 거의 교회에 계신 신과 동급이다. 비가 오면 학교 가는 것을 말리고, 자식이 집으로 오는 날이면 하루 종일 주차장을 관리하신다. 혹시나 다른 차들이 주차해 자식차가 주차할 자리가 없을까 봐서다. 열무김치를 담그면 제일 먼저 자식 것을 챙겨놓고 나머지를 당신이 먹는다. 김장김치를 많이 하지 않아 일 년에 김치만도 10번 이상을 담그시는 분이다.

매일 아침 갓 지은 따뜻한 밥을 준비하시고, 찌개나 국을 준비하시고, 시간이 남으면 반찬도, 생선도 아침에 구워주시기도 하신다. 그래서 늘 주말 아침은 진수성찬으로 과식한다.

주말 아침을 준비하기 전 장모님은 새벽기도를 다니신다. 새벽 4시만 되면 일어나서 얼른 씻고 옷을 갈아입고 조용히 교회로 나선다. 한 시간의 새벽기도를 마치시고는 집으로 와서 콧노래를 부르면서 아침밥을 준비하신다. 하루 이틀도 아니고 평생을 새벽기도를 다니고 아침밥을 짓는데 왜 매일 찬송가가 나올 수 있을까?

늘 궁금한 부분이었다. 핸드폰 알람소리에 일어나시는 분이 아니다. 밤새 한두 번의 화장실을 가시지만 잠을 자주 깨시는 분도 아니다. 하지만 매일 아침 정해진 시간에 일어나서 하루를 시작하신다.

스마트폰 속의 인터넷은 남의 세상이다. 남이 만들어 놓은 세상에서 나는 매일 여기저기를 기웃거리고 있는 것이다. 지구상의 온갖 뉴스를 기웃거리고 남이 만들어 놓은 웃긴 영상이나 먹방들에 울고 웃는 나는 늘 관찰자로 구경하는 사람일 뿐이다. 물론 이제 내가 만든 영상을 올리거나 카페 운영자나 블로그 운영자도 있겠지만 그 시간보다는 남의 생활이나 영상을 보는데 대부분의 시간을 할애하고 있는 것이 현실일 것이다.

정치 이야기, 연애 이야기, 스포츠, 그리고 경제 이야기, 이제는 애완동물의 이야기까지 볼 것들이 너무 많고 정보는 넘쳐난다. 우리나라를 넘어 지구상의 온갖 웃긴 이야기도 봐야 하고 읽어야 할 책도 봐야 한다. 카페나 동아리 활동으로 다른 사람의 의견도 모아야 하고 답글도 달아야 한다.

무슨 영화가 개봉을 하는지, 어제 본 영화의 다른 사람 후기는 어떤지 살펴야 하고, 주인공의 개인사도 궁금하면 찾아봐야 한다. 그리고 그 이야기를 누군가와 나누기도 해야 하고……. 연예인 누가 나쁜 짓을 했는지, 왜 했는지 그리고 사람들은 어떻게 생각하는지 댓글도 확인해야 한다.

이 세상의 너무 많은 정보들로 정신 차리기조차 힘이 든다. TMI(Too Much Imformation) 세상이다.

내가 밤에 잠들기 전 남의 세상을 기웃거렸다면 장모님의 아침은 온전한 장모님의 시간이었다. 내가 남들이 만들어 놓은 세상으로 시간가는 줄 몰랐다면 장모님은 스스로 일어나서 기도를 하고 즐거운 아침 준비로 콧노래로 찬송가를 부르고 있었던 것이다.

나는 하루를 나의 시간으로 채우고 있는가?

혹시 남이 만들어 놓은 정보와 영상으로 나의 하루를 메워가고 있지는 않은가? 시간이 남아서, 할 일이 없어서, 나처럼 스마트폰을 보는 것이 잠시의 휴식이라고 여기면서 나의 하루의 일부를 스마트폰으로 메워가고 있지는 않은가?

남들이 만든 세상이 아닌 내가 만들어 가는 세상,
그리고 오늘이라는 하루.
그 시작은 작은 나의 루틴으로 만들어진다.

Serendipity(세렌디피티)

우연한 발명으로 만들어진 제품이 인류에게 꼭 필요한 제품으로 자리잡는 경우는 많다. 그 중의 하나로 자동차 유리는 인간의 생명과 직결된 안전한 제품이다.

프랑스 과학자인 에두아르 베네딕투스는 어느 날 우연히 자동차 사고를 목격한다. 두 자동차의 창유리는 박살나고 차에 타고 있던 사람들은 유리에 찔려 큰 부상을 당하게 된다. 이 사고를 본 베네딕투스는 큰 충격에도 깨지지 않는 유리를 발명하기로 마음먹게 된다.

하지만 온갖 노력에도 실패를 하게 되고 15년이 지난 어느 날 애완 고양이가 플라스크를 떨어뜨려 산산조각이 나게 되는 것을 보게 되고, 고양이가 떨어트린 플라스크 중 깨지지 않고 금만 간 것을 발견하게 된다. 그 병에 셀룰로이드 용액을 담아 둔 것을 기억해내고 안전유리를 발명하게 된다. 이렇게 발명된 안전유리는 자동차 창유리는 물론 여러 위험성으로부터 인류를 보호하는 데 기인하게 된다.

여기서 베네딕투스의 발명은 사실 하루아침에 이루어졌다고 볼 수는 없다. 꾸준하게 발명에 관심을 가지고 촉을 세우고 있었기 때문에 일어난 발명이지 어느 순간 다가온 발명은 아닌 것이다.

꾸준한 노력으로 대가를 이룬 페이스북의 창시자 마크 저커버그의 경우도 그렇다. 컴퓨터 프로그래밍에 관심이 많았던 저커버그는 어렸을 때부터 호기심이 생기면 실행에 옮겼다. 12살 때 치과 의사인 아버지 병원에서 환자가 다가왔을 때 아버지를 호출해주는 '저크넷'이라는 프로그램을 개발했고, 고등학생 때는 온라인 음식 주문 웹사이트를 만들었다. 이후 음악 재생프로그램인 '시냅스'까지 개발하기도 했고, 또래 학생들은 감히 엄두도 못 낼 그런 일들을 해내고 있었다. 엄밀히 따지면 20살이 되기 전에 이미 10년 된 프로그래머 이상의 실력을 갖추게 된 셈이다.

저커버그가 어렸을 때 부모님이 사준 값비싼 닌텐도 게임기를 분해했었다고 한다. 싸구려 장난감도 아니고 내부도 복잡한데, 어머니는 아들의 행동을 감정적으로 대하지 않았다.

"너 게임기 분해하는 건 좋은데 다시 사달라고 하면 안 된다. 알겠지?"

이렇게 합의했다고 한다. 부모님의 자식에 대한 믿음은 아마도

저커버그에게 큰 힘이 되었을 것이다.

2017년 본인의 모교인 하버드 졸업식에서 한 연설내용이다.

"나의 가장 큰 성공은 '실패해도 되는 자유'를 얻은 것이라고 할 수 있습니다. 기업가 정신은 타고나는 게 아닙니다. 그런 마인드는 새로운 아이디어를 다양하게 시도하는 데서 생기고, 자라나는 거죠. 페이스북은 제 첫 작품이 아닙니다. 저는 페이스북 외에도 게임, 채팅프로그램, 학습도구, 음악플레이어 등 많은 프로그램을 만들었습니다. 그리고 저뿐만 아니라 조앤 롤링은 《해리포터》를 출판하기까지 12번이나 거절을 당했고, 비욘세는 〈헬로〉라는 노래를 만들기까지 수백 곡의 노래를 만들었습니다. 당신은 꿈이 있으신가요? 그리고 그 꿈을 실현시킬 자유가 있으신가요? 만약 그 자유가 없다면 우리는 모든 것을 잃을 것입니다. 꿈을 가지세요. 그리고 도전하세요! 저도 응원하겠습니다."

대학교 친구 중에 시를 쓰는 친구가 있었다. 그 친구는 틈이 나는 대로 시를 써서 시집을 만들고 있다고 나에게 보여주기도 했었다. 그때는 시의 내용을 자세히 볼 마음도 없었고 그냥 그런가보다 하면서 지나쳤다. 마음이 무겁고 힘들 때 스스로 위로하고 싶어서 우연히 시를 썼는데 효과가 있어서 계속 쓰게 되었다고 했다. 가끔

술자리에서도 시 이야기가 나오면 언제나 시인 흉내를 내면서 친구들에게 직접 쓴 시를 읽어주곤 했던 기억이 있다. 졸업 후 친구 사이에서 시 쓰는 친구로 소문이 나 있었다.

그런데 졸업을 하고 몇 년 후에 그 친구를 만나서 이야기를 들어보니 인터넷 네이버에 웹 무협소설을 연재하고 있다고 했다. 사실 그 친구는 무협소설을 엄청 좋아했다. 그리고 틈이 나는 대로 무협지를 읽고 있는 모습을 가까이서 보아왔다. 그런데 소설 연재라니 …… 한두 편 읽어 보았는데 스토리나 전개가 일반 무협지와 크게 다르지 않았다. 물론 내가 무협지를 별로 좋아하지 않는 타입이라 계속해서 읽지는 않았지만 그 친구의 소설 연재는 나에게는 적지 않은 충격이었다.

친구 글을 읽은 독자가 남긴 후기도 읽어보니 너무 재미있게 보고 있다는 내용이었다. 다음편이 빨리 나오기를 기다리는 팬들도 생긴 모양이다. 그 친구는 회식 후에 술에 잔뜩 취해서 들어온 날도 새벽까지 글을 쓴다고 했다. 가끔은 본인이 생각해도 너무 야해서 부끄러운 적이 있었다고 했다. 작가로서의 삶을 사는 건 아니지만 일상생활 중에서 일주일에 한두 번의 글을 쓰는 루틴이 생겼다고 했고, 몇 권의 무협소설을 자기 이름으로 출간하는 것이 목표라고 했다.

흔히 작가라고 하면 혼자 있기를 좋아하고 센티하면서 생각하는 시간이 많은 사람이라고 여기게 된다. 하지만 그 친구는 그런 모습보다는 사람하고 어울리기 좋아하고 술자리도 마다하지 않는 호탕한 성격의 소유자다. 운동도 좋아해서 대학동아리부터 한 검도가 수준급이었다고 들었던 적이 있다.

다른 대학의 컴퓨터과를 전공하다가 학교를 옮겨 다니게 되면서 동기들이나 후배들의 컴퓨터에 관한 리포트나 과제들은 모두 그 친구를 통하게 되었다. 그 친구는 거절하지 않고 하나하나 자세히 가르쳐주던 마음 넓은 친구였다.

밤늦게 컴퓨터에 앉아서 일을 하다가 힘들고 외로울 때면 조금씩 쓰기 시작한 시 쓰기. 우연히 쓴 시가 스스로 맘에 들어 계속해서 하다 보니 이제 무협지까지 연재하기에 이르렀다고 했다. 언제가 될지 모르지만 언제까지나 그 친구의 무협지 연재가 책으로 출간되기를 고대하고 있다.

프랑스 과학자 베네딕투스의 경우나 저크버거, 그리고 무협지 작가인 친구의 경우를 봐도 처음부터 꾸준히 노력해서 얻은 결과는 아니었다. 처음에는 작은 관심을 가지고 그 관심의 대상을 키워갔을 뿐이다. 하지만 인생의 성공은 언제 어디서 터질지 모른다. 물론 처음부터 욕심을 가지고 있었다면 전혀 다른 결과를 가져왔을 수도 있다. 하지만 성공한 사람들의 이야기를 들어보면 성공보다는 그 재미에 빠져서 지내는 경우가 더 많다.

우연이 가져다주는 운명. 그 우연은 늘 머릿속을 가득 채우고 있는 열정이 가져다주는 선물이다. 늘 놓지 않는 그릿, 그것이 루틴 력이다.

'미쳐(狂)야 미친(及)다'라는 말을 한다.
늘 미치(狂)게 만드는 루틴을 가져야 한다.
그래야 미칠(及)수 있다.
오늘 당신을 미치(狂)게 하는 것은 무엇인가?

루틴력의 변화
(달라지는 루틴)

사람들은 매일 매일을 살아간다. 어제와 같은 루틴으로 오늘을 살고, 지난주와 같은 이번 주를 살아내고 있다. 내용은 조금씩 달라진다. 시간이 다르고 계절이 다르고 정해진 스케줄대로 일정을 맞추어 간다. 학생들도 매일 같은 시간표로 움직인다. 아침에 학교를 가고 수업을 듣고 점심을 먹고 그리고 오후 수업 후에는 집으로 간다. 물론 수업내용은 달라진다.

그러면 우리는 언제 성장하는가? 나의 하루 루틴은 언제 성장하고 발전해 어제보다 강한 오늘이 되고 더 나은 내일이 될까?

분명히 자라고 있다. 매일 매일 자라는 모습이 눈에 보이지 않지만 조금씩 자라고 있다. 그러나 누구나 같은 속도로 자라는 것은 아니다. 누구는 자라는 동안 누구는 자라지 않고 매일 그 자리일 수 있다. 어떤 이는 하루 만에도 점핑하지만 또 다른 어떤 이는 어제와 별반 다르지 않는 속도로 자라고 있을 수도 있다.

그러면 그 차이는 어디서 오는 것일까?

서울로 상경하여 글씨 공부를 하면서 알게 된 나보다 나이가 다섯 살 정도 많은 형이랑 친하게 지내게 되었다. 작은 슈퍼를 운영하면서 틈을 내어 공부를 하는데 평생교육대학도 수료하고 나름대로 아주 열심히 하는 사는 사람이었다. 사람을 사귀어 보면 결국 친하게 지내는 사람도 나랑 비슷한 사람을 만나게 된다. 뭔가 끌리는 게 있나 보다.

같은 동기는 아니지만 가끔 만나서 밥도 먹고 막걸리도 한잔 기울이면서 이런저런 애기하면서 글씨 애기도 하고, 나는 그 형을 참 잘 따랐다.

어느 날 형이 제안을 했다.

"우리 같이 중국으로 서예기행 한번 다녀오지 않을래?"

"갑자기 무슨 여행요?"

"전부터 가고 싶었는데 이번에 기회가 될 거 같아서, 같이 가면 좋을 텐데……."

"저는 직장 때문에 빠지기 힘들어요, 연가 쓰기도 눈치 보이고."

"그래. 그럼 내가 다녀와서 얘기 많이 해 줄게, 사진도 많이 찍어오고."

그렇게 그 형은 함께 공부하는 선생님을 모시고 여러 동기들과 중국을 다녀오게 되었다.

서예를 공부해본 사람은 알겠지만 서예의 교본은 한자인 경우 거의 99%가 중국의 비석들이다. 우리나라 비석은 광개토대왕비 정도이고 모두가 중국의 비석탁본이나 글씨를 교본으로 사용하고 있다. 그래서 그 비석을 직접 눈으로 보고 온 것이다.

공자의 묘가 있는 공묘에 가득한 공자를 칭송한 각종 비석들(장맹룡 비도 여기에 있다).

태산에 오르면서 만나게 되는 여러 가지 크기의 바위에 새겨진 글씨들. 오악독존(五嶽獨尊)의 바위 글씨가 태산에 있다.

특히 포세신(包世臣)이 그의 저서《예주쌍즙(藝舟雙楫)》에서 극찬한 북위 정도소의 글씨. 산둥성 천주산의 자연석에 새겨진 정도소의 상비(上碑)와 운봉산의 하비(下碑)를 감상하고 온 뒤로 그 형은 글씨 공부에 더 매진했다.

한동안 핸드폰에 중국 태산 중턱에 있는 오악독존 글씨 앞에서 찍은 사진을 배경으로 깔기도 하고, 중국 글씨를 두 눈으로 직접 보고 온 후로 글씨도 더 좋아지고 포부도 더 커졌다고 했다. 대한민국 서예대전에도 여러 번 수상(受賞)하더니 결국 경기서예대전에서 대상을 차지하는 것을 보고야 말았다.

나는 늘 제자리인 것 같은데 혼자서 멀리 달아나버린 그 형을 볼 때 노력하는 사람을 따라가기는 힘들다는 것을 새삼 느끼곤 한다.

운동하는 클럽에 동갑내기 친구가 있다.

직업도 다르고 사는 곳도 달라서 운동할 때 만나서 이야기 몇 마디 나누는 것이 전부이지만 동갑이라는 것이 주는 편안함 때문에 만나면 반갑게 맞이하곤 한다. 그 친구는 처음 클럽에 들어왔을 때는 나와 실력이 비슷했다. 구력도 큰 차이가 없었고 스타일은 조금 다르지만 운동신경도 나보다 나아 보이지 않았다. 운동신경이 있고 없고는 운동하는 이에게는 출발선이 다른 것과 같은 것이다.

운동하는 클럽에서 올림픽 테니스 경기장과는 거리가 꽤 멀다. 그래서 자주 가기가 힘들다. 하지만 그 친구는 가을 추석쯤에 열리는 한솔국제테니스경기나 삼성증권배 국제테니스경기, 동호인들이 참여하는 크고 작은 시합들을 자주 나가는 것을 보았다. 주말에는 육아에 바쁜 나와는 다르게 매번 파트너를 바꾸어 가며 시합 다니기를 3년. 서산6쪽마늘배 전국동호인테니스대회에서 수상하는 사진을 현수막을 통해 알게 되었다.

나는 늘 제자리에 있는 듯하다. 아직 손을 떼지 않은 것만도 스스로 칭찬해 주고 있다.

결혼을 하고 아이를 키우면서 내가 하는 취미생활을 잘 하기란 쉬운 일이 아니다. 아이들은 늘 함께 있어야 한다. 결혼이라도 빨리 했더라면 지금보다는 시간이 많이 날 텐데……. 아직 7살이다.

하지만 내가 아는 이들은 승승장구한다. 서예대전에서 큰 상을 받고, 테니스 대회에서 우승을 하기도 한다. 나도 알고 있다. 그들이 나와 같은 시간, 같은 열정으로 움직이지 않는다는 것을.

서예대회에 참가하려면 한 작품으로 보통 100장 이상을 연습한다. 테니스대회에 참가하는 사람은 그 준비를 최소 한 달 이상 연습을 한다. 파트너와 손발을 맞추는 것이다.

사실은 그게 전부다. 결과는 중요하지 않다. 준비하는 과정에서 이미 성장은 이루어졌다.

어제와 다른 오늘을 살고 싶다면 오늘의 루틴을 건드려야 한다. 조금씩 조금씩.

한꺼번에 갑자기 턴을 하면 잘 나가던 배는 뒤집어진다. 방향을 조금씩 목표로 향할 수 있도록 항로를 만들어 나가야 한다. 목표에 가서 멈추는 것이 아니라 처음에 향한 목표를 지날 쯤에는 다음 목표가 다시 눈앞에 보일 것이다.

오늘의 루틴에 만족하지 말자.
오늘의 루틴이 달라지면
내일은 좀 더 나아진 나의 모습을 볼 수 있을 것이다.

루틴력의 성공

하루하루가 루틴이다. 하는 생각이나 일은 다를 수는 있지만 매일 같은 방식으로 반복하면서 처리한다. 이렇게 매일 해야 하는 루틴도 있고, 3일 만에 한 번씩, 또는 일주일 만에 한 번씩 하는 루틴이 있다.

우리는 루틴에 성공하고 있는가?

밥을 먹고 양치하는 루틴도 있지만 좀 더 나아지기를 바라는 루틴도 있다. 성공하는 싶은 루틴이 있다는 말이다. 운동하는 사람은 하루하루 실력이 나아지기를 바라고, 재테크를 하는 사람은 루틴적인 일상에서도 돈을 절약할 수 있기를 바란다.

매일 독서하는 사람은 좀 더 빠르고 많은 양을 읽고 싶어 하고, 글을 쓰는 사람은 매일 쓰는 양이 늘어나기를 바랄 것이다. 신경을 써야 하는 일을 오래 끌고 싶은 사람은 없다. 루틴이지만 빨리 끝내고 싶고 더 잘 하고 싶은 게 사람의 마음이다.

그러면 우리는 이 루틴에 무엇을 더하면 성공에 한 발짝 더 다가

설 수 있을까?

직장에서 건너건너 알고 지내는 K씨가 있다. 승진을 하고 나서
크게 할 일이 없는 K씨는 같은 동료들이 부추겨서 골프를 시작하
게 되었다. 평소에 승부욕은 따라올 자가 없었다. 처음에는 당연히
매일 내기에서 지는 것이 일상이었다. 스크린 골프를 가도 늘 꼴찌
를 면하기 힘들었고 필드에서도 도저히 이기기 힘든 실력이라는
걸 알면서도 기분은 좋지 않았다. 그래서 가만 있지 않았다. 오기
가 생긴 것이다. 레슨을 시작하고 매일 운동하기 시작했다.

스크린 골프장으로 가서 평생 회원권을 끊어서 새벽부터 골프를
하기 시작했다. 골프로 시작하고 출근하고, 퇴근 후에는 다시 골프
장으로 가서 연습을 했다. 머릿속에 온통 골프로 가득한 채로 매일
매일을 살았다.

운동신경이 있는 사람이라 실력은 남다르게 쭉쭉 올라갔다. 일
년 만에 싱글에 도전하고 싶은 생각이 들 정도였다. 이렇게 일 년
을 보내고 나니 웬만한 내기에서는 이기기도 하고 적어도 진 적은
없었다고 한다. 필드에서도 마찬가지였다. 필드로 나서기 전에 먼
저 골프장을 인터넷으로 먼저 둘러보고 몇 번 홀에서 어떤 클럽으
로 공격할지를 미리 생각해본다고 했다. 바빠서 미리 챙기지 못한
날에는 어김없이 타수가 늘어났다고 했다.

이제 그를 무시하는 사람은 없다. 오히려 칭찬하는 사람이 늘었

다. 배우고 싶어 하는 사람도 생겼다. 그 사람의 루틴을 따라하고 싶어 했다. 하지만 그 사람처럼 루틴을 따라하는 사람도 없지만 그 사람처럼 하루 종일 그 생각만 하며 하루를 채워나가는 사람은 없었다고 한다. 한마디로 골프에 미친 사람이 되어야 한다고 강조했다. 몸은 항상 준비되어 있어야 한다고 했다. 몸도 여유가 생겼다. 몸에서 힘이 많이 빠지고 이제 골프만 생각해도 기분이 좋아진다고 했다. 처음에 생겼던 근육통도 없어지고 거리나 슬라이스가 나도 웃으면서 넘어갈 정도라고 했다. 골프를 인생에 비유하면서 설명을 해 주었다. OB나 러프, 벙커, 그리고 홀인원을 인생과 비유한 설명은 제법 그럴 듯했다.

이제 골프를 뺀 일상은 상상하기 힘들다. 다음 목표를 준비 중이라고 했다.

친한 친구 와이프의 이야기다. 친구와 함께, 또는 아이들과 함께 가족 나들이 겸 매주 일요일에 꼭 장보러 마트에 간다. 그런데 항상 예상보다 많은 돈을 쓰게 된다고 했다.

장 보러 갈 때는 '꼭 필요한 것만 사야지' 하는 생각으로 출발한다고 했다. 하지만 장을 보면서 이것도 담고 저것도 담고 하다보면 어느새 장바구니는 가득 차서 예상보다 2배 이상의 경비가 나온다는 말을 자주 했다.

"그럼 살 것들을 적어 가면 되잖아."

"다 해봤지, 나라고 안 해봤겠어?"

"그래도 그래?"

"메모를 한 날에는 그것까지 더해서 더 사게 되더라고. 우리 집 냉동실을 보면 꽉 찬 이유를 알 거야. 냉동식품을 너무 좋아하고 매일 쌓여 있어야 마음이 편한가봐. 사서 쟁여놓아야 마음이 편하대. 아이들도 성장기라서 매일 먹을 것을 찾기도 하고, 물론 보관 기간이 지나서 버리는 것도 많아. 먹다가 버리기도 하고, 어쨌든 버리는 것들도 많아."

"그래서 방법을 찾았어?"

"이제는 사야 할 물건을 적어서, 장보러 나 혼자 가는 거야. 같이 가면 늘 실패했거든."

집안 살림을 책임지는 사람 입장도 이해는 한다. 매일 아이들 간식이며 끼니를 거르지 않고 챙긴다는 것도 쉬운 일은 아니다. 하지만 버리는 것은 좀 아깝긴 하다. 냉장고에 무슨 물건이 있는지 확인은 해야 할 일이다.

이제는 냉장고 앞에 일요일까지 필요한 물건을 적는다고 했다. 식구들이 모두 먹고 싶어하는 음식만 준비하고 간식도 챙긴다는 것이다. 장볼 물건을 미리 챙겨보는 것이다. 아직은 장보기 성공의 연속이라고 했다.

운동하는 사람은 늘 머릿속에 그림을 그리는 연습을 하면서 지내야 한다. 적어도 운동하는 시간보다는 더 많이 투자해야 한다.

생각만이라도, 아니면 새로운 물건을 구입하면서도 늘 신경 쓰게 해야 한다. 그래야 발전하는 루틴이 된다.

일주일에 한번 장보는 루틴이 성공하려면 꼭 필요한 것인지 여러 번 생각하고 좋은 물건을 골라야 하고 조사해봐야 한다. 덜컥 물건을 사고 나서 후회하는 것은 좋은 루틴이 아니다.

인터넷으로 물건을 주문하고 실패한 경험을 떠올려보면 알 것이다. 바른 장보기도 미리 준비해야 하는 것이다.

루틴을 실천했다고 성공한 인생으로 연결되지는 않는다. 루틴이 만들어졌다면 이제는 더 힘을 붙여야 한다. 그래야 발전하고 실력이 붙는다. 만드는 물건마다 작품이 나오지 않듯이 루틴에 힘을 더하고 수준을 높여야 한다. 성공적인 루틴력을 키워야 한다. 한 단계 더 발전할 수 있는 힘을.

한 단계 수준을 올리기는 생각보다 어렵다. 루틴을 하기만 한다고 해서 올라가지 않는다. 사람마다 다르고 걸리는 시간도 모두 다르다. 노력하기 나름이고 시간 투자하기 나름이다. 사람에 따라 다르기도 하겠다. 흔히 말하는 케이스 바이 케이스이다.

빠른 사람만큼 내가 빠르지 않아도 된다. 방법이나 속도는 개인적인 문제다. 늘 과속이 문제다. 과속은 한번은 되지만 지속하기는 어렵다.

루틴처럼 루틴력도 꾸준히 실천해야 한다.

조금만 오므려도 더 멀리 점프할 수 있다.

오늘은 얼마만큼 준비하고 점프할 자세를 다듬었는가?

내일은 점프하자.

루틴력의 확장

2018년 가을에 방송한 〈집사부일체〉를 우연히 보게 되었다. 평소에 집에서 TV를 잘 보지 않기에 관심도 없다가 어쩌다가 시간이 나면 아이들 몰래 TV를 보곤 했다.

SBS 〈정글의 법칙〉을 통해 오지를 다니면서 촬영을 하고 방송을 하는 김병만의 집을 방문해 이런저런 이야기를 듣는 시간이었다.

개그콘서트의 〈달인〉으로 인기를 달리더니 이제는 오지 탐험의 주인공으로 한참 주가를 올리는 개그맨이다. 그 날 김병만의 방에 수북이 쌓여 있는 카드 같은 자격증. 내 눈에 들어온 건 그거 하나였다. 자격증이 너무 많았다. 이유는 갖고 싶어서라고.

딱지 모으듯이 자격증을 따는 사람. 그 중 다이빙 자격증은 종류만 여러 가지라고 했다. 500번 이상 점프해야 딸 수 있는 자격증을 들어 보이며 자랑하기도 했다.

개그맨 시험을 7번을 떨어지면서도 계속 도전해 8번째에 성공한 이유는 단 하나, 갖고 싶어서다. 7전 8기와 딱 들어맞는다.

자격증의 시대이다. 자격증 땄다고 실력까지 인증하는 건 아니지만 자격증이 있는 사람은 기본을 인정받는다. 그래서 취업에 더 유리한 고지를 차지하게 위해 각종 자격증에 목을 매는 이유도 그것 때문이다. 자격증이 있는 사람이 우대 받는 건 당연하다.

중학교 때부터 친하게 지냈던 친구인 M의 이야기다. 공고를 나와서 기술을 익힌 그 친구는 취업하고 직장에서 인정받았다고 했다. 보수도 좋았고 근무여건도 맘에 들었다고 했다. 그래서 마음 편히 몇 년을 다녔다고 했다.

그런데 몇 년이 지나자 새로 들어오는 신입직원들의 스펙이 장난이 아니라는 것이었다. 친구보다 자격증 한두 개 많은 것은 기본이고 컴퓨터 능력도 뛰어난 것이었다. 당장 위기라는 인식을 하게 되고 자격증에 도전하게 되었다.

새벽에 학원을 다니고 퇴근 후에도 세 시간 이상씩 공부에 매달려 3개월 만에 원하던 국가기술자격증을 손에 넣을 수 있었다고 했다. 자격증시험에 합격을 하고 본인도 조금 놀랐다고 했다.

'나에게 이런 능력이 있었나?'

그렇게 어렵게 느껴지던 국가기술자격증을 한 번에 따다니……. 본인의 실력을 의심할 정도로 믿기 힘들었고 주변사람들도 놀람 반 의심 반으로 축하해 주었다고 했다.

그렇게 그 친구는 자격증을 손에 넣고 다시 직장을 옮겼다. 더 나은 연봉과 복지가 나은 큰 회사로 옮긴 것이다. 이직을 해보니 지방 출신이지만 자격증의 힘을 느꼈다고 했다.

그렇게 몇 년을 다니더니 다시 공부를 한다는 소문을 들었다. 노후를 생각해서 퇴직 후의 일을 준비하고 싶은데 자격증이 필요하다는 말이었다. 안전과 관련된 국가기술자격증이라고 했다. 남들은 하나도 따기 힘든 자격증을 그 친구는 쉽게 생각하는구나 싶었다. 무엇이든 처음이 어렵지 두 번째는 쉽다. 처음보다는 쉽다는 말이다.

처음 자격증 공부할 때의 루틴을 기억하고 있었다. 공부하는 루틴이 몸에 배인 것이다. 새벽에 일어나고, 퇴근 후에 다시 독서실로 가고, 주말에도 도서관에서 하루 종일 전공서적을 찾아보고, 공부하면서 여러 사람 만나보니 생각보다 자격증 공부하는 사람들이 많았다고 한다.

두 번째 자격증은 첫 시험에는 실패했다. 만만하게 본 것이다. 오기가 생겼다. 다시 자세를 가다듬고 도전, 두 번째도 실패. 이젠 오히려 떨어지길 잘했다는 생각이 든다고 했다. 공부하는 시간이 재미있다는 것이다. 세 번째의 결과가 궁금해진다.

직장 생활한 지 5년쯤 되었을 때 승진에 관한 이야기를 자주 했었다. 신규로서 아직 적응도 잘 안 되는 시기여서 아직 승진은 나와 거리가 멀다고 생각하고 있었다. 그러나 눈치 빠른 동료들은 달랐다. 벌써 준비하고 도전하는 모습이 여기저기서 보였다. 나는 가만히 있는데 옆에서 난리치면 나도 덩달아 마음이 급해지기 마련이다. 그래서 선택한 것이 자격증이다. 지금은 사라졌지만 그때만 해도 자격증에 가산점을 주던 시기였다.

사실 어려운 공부는 아니었다. 이론과 실기인데 실기는 많은 연습을 해야 했다. 아무리 쉬운 시험이라도 떨어지면 무슨 창피냐? 긴장한 탓인지 가볍게 통과했다.

그런데 이게 재미가 있었다. 약간이 떨림과 긴장, 그리고 여기저기서 동시에 일제히 시작하는 실기시험장의 소리. 그리고 합격의 달달한 소식.

그래서 나는 컴퓨터와 관련된 자격증을 3개 더 합격하고 나서 분야를 옮겨서 한자 자격시험까지 도전하게 되었다. 한동안 자격증 시험에 많은 시간을 들이기도 했었다.

그리고 나서 다시 5년 후 승진시험에 연구보고서 점수가 반영되는데 자격증 시험 이후 다시 도전의 시간을 맞이하게 된다. 늘 처음은 어렵다. 방법도 잘 모르겠고 나란 사람도 센스 있는 사람이 아니라 한 발짝씩 감이 늦은 편이다. 도전 첫해는 정말 준비도 방법도 모든 것이 어설펐지만 두 번째는 우수한 성적으로 통과. '나도 하면 되는구나' 하는 자신감도 생겨서, 동료에게 조언도 아끼지 않는다. 방법도 일러준다.

처음으로 보고서를 통과한 후 다음해에는 작전을 달리했다. 막

판에 급하게 마무리하기보다는 새해부터 차근차근 미리 준비하기. 작전 성공이었다. 이번에도 통과. 더 이상 안 해도 된다. 하지만 한 번 붙은 재미는 가만히 있질 않았다. 안 해도 되는 보고서를 다시 쓰고 있었다.

흔히 공부는 엉덩이 힘이라고 한다. 오래 버티는 사람이 성공한다. 결국에는 하는 사람을 이길 수 없는 것이다. 하지만 그 하는 사람도 처음부터 하는 사람은 아니었다. 하루 이틀 지나서 서서히 하는 사람으로 변해가는 것이다.

하지만 우리는 처음부터 내가 할 줄 아는 사람이라고 덤빈다. 자가 자신을 제일 잘 아는 사람이 잠시 본인을 잊은 것이다. 결과를 알고 나서야 비로소 깨닫는다. 시간이 걸린다는 걸. 소크라테스의 "너 자신을 알라"는 정말 명언이라는 것을 알게 된다.

공부는 철저한 루틴이 필요하다. 공부의 양이 정해져 있는 경우가 많다. 시간과 전략을 잘 짜야 한다. 그리고 몰입해서 한 곳에만 집중해야 한다. 빡빡한 루틴이 합격을 부른다. 그 합격의 맛을 보는 것이 중요하다. 작은 성공이라도 맛봐야 한다. 그래야 다음 루틴이 가능하다. 루틴이 커지는 것을 느껴야 한다.

한번이 어렵지 두 번은 쉬워진다. 두 번째는 실패도 받아들인다. 다시 도전하면 된다는 것을 알기에 포기하지 않는다. 루틴은 더 큰 루틴을 낳는다. 잘 짜여진 루틴은 성공의 열쇠와도 같다. 연속으로 이어지지 않아도 된다. 한번 배운 자전거나 수영과도 같다. 내 몸에 알맞은 루틴을 입혀야 한다. 그러면 그 루틴은 조금씩 조금씩 성장한다. 루틴의 확장이다.

내가 만든 루틴의 성장이 곧 나의 성장이고 발전이다.
루틴을 포기해서 안 되는 이유이기도 하다.

chapter 3

이기는
루틴 만들기

루틴을 위한
생각의 변화

로버트 마우어는 자신의 저서 《아주 작은 반복의 힘》에서 다음과 같은 내용을 기술했다.

미국에서 실시한 한 조사에 따르면 새해 결심이 성공할 확률은 8%에 불과하다. 응답자들이 자존심 때문에 답변 내용을 부풀렸을 가능성이 있으므로 실제 성공 확률은 이보다 훨씬 더 낮을 것이다. 결심을 한 사람들의 25%는 1주일 안에 포기했고, 30%는 2주일 안에 포기했으며, 한 달 안에 반 가까이가 포기했다고 한다. 작심삼일까지는 아니지만 작심 30일 안에 절반 정도가 목표를 포기했고, 결국 연말에 가서 결심을 이룬 사람은 10명 중 한 명도 채 되지 않았다고 한다.

무엇이 잘못된 것일까? 목표를 너무 높게 설정이 된 것은 아닐까? 그 목표라는 것이 보통 사람의 생각처럼 살을 빼고자 하는 사람이 다이어트를 열심히 하는 것이고 운동하는 사람은 헬스장이나 운동장에서 매일 운동을 한두 시간씩 하는 모습을 연상할 것이다. 내 옆 사람도 하는 일이니 분명 목표가 높은 것은 아니다. 그럼 무엇이 잘못된 것일까?

그렇다. 실행방법에 문제가 있는 것이다.

운동을 하지 않던 사람도 하루나 이틀 정도는 한두 시간을 운동할 수는 있다. 하지만 삼 일째는 몸살난다. 여기저기 안 아픈 데가 없고 갑자기 무리를 해서 몸도 마음도 쉬고 싶어진다. 처음으로 운동을 하는 사람의 특징은 몸에 힘이 잔뜩 들어가게 되어 있다. 처음 하는 일이고 잘 하고 싶어서 얼마나 욕심을 부리겠는가?

첫날에 가볍게 시작한다고 아무리 무리하지 않겠노라고 선언하고 다짐했겠지만 작은 아령 하나 들고 나오기란 자존심이 허락하질 않는다. 더구나 성질 급한 우리나라 사람들 아닌가?

적어도 30분 이상은 해야지, 아니다 한 시간만 하고 나가자. 운동하니 기분도 좋고 몸도 개운하고 운동하길 잘했다는 생각과 스스로 대견하다는 무한 칭찬을 반복하고 심지어 여기저기 친구, 가족들에게 운동하라고 권하기도 하고 자랑도 하게 되고. 인생은 이렇게 멋진 것이 아니던가.

그런데 3일째부터는 안 하던 운동을 해서인지 몸이 아프고, 긴장이 풀려서인지 오늘은 왠지 몸도 무겁고…… 갑자기 안 하던 근육 운동을 하면 반드시 다음날 그 근육은 아프다고 난리를 친다. 근육이 놀라서 충격을 받은 것이다. 오랜만에 축구를 해본 사람은 알 것이다. 다음날 허벅지가 당겨서 걸어 다니기도 민망한 자세가 나오게 되어 있다. 운동하기 싫은 핑계를 대며 하루는 쉬고 싶어진다. 이틀 했으니 하루는 괜찮아. 스스로 격려도 아끼지 않는다. 그래 하루만 쉬자.

다음날에 운동하러 가려니 친구 전화, 저녁 약속, 그리고 가족 모임, 회사 모임 등 나를 방해하는 약속들이 잡히고 다시 일주일 뒤에 운동하러 가자니 다시 몸이 아플 것 같아서 이제는 가기 싫어진다. 이렇게 2주일 안에 새로 시작한 운동을 포기하게 되는 30% 안에 들어가는 보통 사람이 되는 것이다.

그렇다면 목표를 어떻게 잡아야 하는 것일까?

매일 매일 할 수 있는 정도의 목표를 잡아야 한다. 물론 시간이 지나면서 점점 목표도 달라지겠지만 처음에는 작은 목표로 시작해야 한다. 하루의 목표를 작게 잡고 다음날 목표를 올리는 것이 아니라 일정 기간의 목표를 작게 설정해야 매일 하게 된다는 것이다.

가령 이번 주에는 아령 10번만 들어보기.

헬스장을 가지 않아도 되는 집안에서도 할 수 있는 정도의 목표. 헬스장 가서도 바로 나올 수 있을 정도의 목표. 헬스장에 씻기 위해 가더라도 할 수 있을 정도의 목표.

이 작은 목표를 우리는 너무 우습게 안다. 아니면 아예 무시하기 때문에 큰 목표를 이루지 못하는지도 모른다.

우리나라 유명한 서예가 중 서울에서 가장 먼저 스승으로 모시게 된 하석 박원규 선생님이 계신다. 우연히 월간 서예 잡지《까마》(발행인 박원규)에서 함께 공부할 학생을 모집한다는 광고를 보고 찾아뵙게 되었는데 이렇게 유명한 분인 줄도 몰랐고 이렇게 대단한 분인 줄도 모르고 함께 공부를 시작했었다.

지금 생각하면 정말 우리나라 서예가 중에서도 이만하신 분이 또 나올 수 있을까 싶을 정도로 예술에 대한 안목과 집념, 노력 그리고 평생을 공부하는 자세로 아직도 매일 선생님을 모시고 한문 공부를 하고 계시고, 서예 작품도 활발히 하시는 분이기도 하다. 유튜브나 TV에도 자주 나오셔서 좋은 글씨와 바른 글씨에 대해서 쉽고 자세히 설명해주시는 분이시기도 하다. 취미로 시작한 수영은 아마추어 대회에서 수상할 정도이고 전주에서 시작하신 판소리 장단이 고수는 실제 대회에서도 입상 경험이 있는 여러 방면에 뛰어난 재능을 가지신 분이기도 하다. 개인 전시회도 우리나라 최초로 유료로 운영해 작가의 서예 작품을 함부로 대하는 일반인들의 작품에 대한 의식을 한층 높이고자 했던 분이다.

매일 직장생활하면서 글씨 공부를 한다는 것이 여간 어려운 일이 아니다. 한번은 하석 선생님의 하루 공부 루틴을 말씀해 주신 적이 있었다.

매일 새벽 첫차를 이용해서 행당동에서 연구실인 압구정동으로 오셔서 먹을 갈고 커피를 마시고 아침 공부를 시작하는데 아침 먹기 전에 이 일을 끝내신다는 말씀이셨다. 하루에 2시간 아침 공부를. 2시간이 아주 짧은 시간은 아니지만 그리 긴 시간도 아니다. 하지만 작아야 실천이 쉽다고 하시면서 그래야 매일 할 수 있다고 설명해 주시기도 하셨다.

사실 서예가들의 일상도 바쁜 나날이다. 여기저기 전시회 보러 가야지, 다른 작가들과 모임도 가야 하고, 또 배우러 오는 학생들 지도도 해야 하고, 전시를 하게 되면 작품 구상도 해야 하고 글씨 연습도 해야 하고…….

그래서 막상 개인적인 시간을 가진다는 것이 그렇게 간단한 일은 아니다. 남들이 보기에는 하루 종일 글씨만 쓰면 될 것 같은 서예가가 바쁘다면 믿지 않겠지만 막상 서예가의 일상은 서예가 아닌 다른 잡무와 개인 업무들로 가득 차 버릴 수가 있다. 그래서 생각해 내신 방법이 하루아침 공부 2시간이다. 그 아침 2시간을 공부하고 나면 그렇게 속이 시원할 수가 없다고 하셨다. 나머지는 내가 공부를 더 한다는 것이고 이것은 온전한 나의 노력이니 스스로 칭찬해 주기도 하고.

전날 회식이나 밤늦도록 모임이 이어지면 아침에 일어나기도 쉽지 않지만 무조건 아침공부 2시간만은 꼭 지킨다는 대단한 작가정신을 가지신 분. 전문 서예가로서 공부하는 모습을 몸소 후배들에게 모범을 보이시기도 하고 스스로에게 더 엄격한 잣대를 가지고 혼자만의 약속(5년마다 개인전, 매년 작품집 발간)을 30년째 지키고 오시는 분이시다.

'처음 목표는 이 정도는 되어야지' 하는 마음을 버리자. 누가 봐도 비웃을 정도의 목표, 그저 숨만 쉬고 있어도 정말 1분만 투자해도 될 정도의 목표, 그리고 무한 반복.

사람의 뇌는 변화를 싫어한다고 한다. 뇌의 가장 밑바닥에 뇌간이 있는데 이 뇌를 '파충류의 뇌'라고도 한다. 아침에 일어나고 저녁에 잠을 자고 심장박동을 유지하는 모든 것을 뇌간이 하는 기능이다.

뇌간 바로 위에 있는 것이 중뇌이다. 모든 포유류들이 갖고 있고 체온을 유지하고 감정을 저장하고 위험에 직면했을 때 살아남을 수 있도록 방어반응을 제어한다. 이 중뇌에는 편도체라고 불리는 조직이 있다. 편도체는 방어반응을 통제하는 일종의 경고 체계로 인류의 생존에 결정적인 역할을 해 왔고 지금도 하고 있다. 하지만 인간의 뇌는 새로운 도전과 욕구가 일어날 때 어느 정도의 두려움이 함께 발생하도록 프로그램 되어 있다. 그래서 과제가 주어지면 해결하지 못할 것이라는 두려움이 함께 일어나는 것이다. 물론 몇몇은 도전과제를 만났을 때 더 흥분하고 더 잘하고 싶은 욕구가 생기기도 하지만 대부분의 사람들은 목표가 클수록 두려움도 커지는 것이다.

매일 한두 시간의 운동량은 첫날에는 작아 보이고 쉬워 보이지만 매일 실천하기에는 너무나 어려운 루틴이다. 적어도 1년 이상을 운동으로 기초가 다져진 사람이어야 실천 가능한 목표이다.

이제 시작하는 사람이라면 헬스장 다녀오는 것만 해도 잘 한 일이고 좋은 시작의 반응이다.

처음에는 헬스장 근처 어슬렁거리기, 그리고 안으로 들어가서 둘러보기 등 정말 아무것도 아닌 것을 목표로 잡아보자. 하지만 내일은 운동복을 챙기는 자신의 모습을 발견하게 될 것이다. 그리고 매일 목표를 다르게 잡고 있는 모습을 상상하게 될지도 모른다. 하지만 서두르지 말자.

큰 목표는 오히려 나에게 독화살이 되어 돌아올 수 있다.
미래의 나는 어떤 모습으로 서 있기를 원하는가?
상상하는 것만으로도 이미 나는 시작했는지도 모른다.

루틴의 실천

발전이 없는 사람은 죽은 것이다.

사람은 하루하루 성장하면서 살아간다. 어제의 일을 반성하고 수정하면서 오늘을 어제보다 나은 하루가 되게 노력하며 살아가고 있다. 어제보다 일이 진척이 없을 때나 막히면 스스로 무너지거나 답답한 하루로 마무리하게 되는 것이다. 자신에게 화를 내기도 하고 다른 사람의 탓으로 돌리기도 한다. 원래 자신은 그런 사람이 아니라는 것이다.

자신의 실수는 인정하고 싶지 않은 것이다. 그러나 사람은 실수와 실패에서 많이 성장한다. 어제의 실수로 인해서 어제보다 나은 오늘이 만들어지고 지난날의 실패로 인해 더 나은 사업을 구상하기도 한다. 후회하는 시간이 결코 나쁜 것만은 아니다.

처음 사업을 시작하는 사람은 미래의 성공하는 장면만을 머릿속에 그리고 시작한다. 절대로 실패한다는 생각은 단 일도 하지 않는다. 시작만 하면 금방 부자가 될 것처럼 부푼 꿈을 안고 시작하게 된다.

중학교 친구인 N씨는 프랜차이즈 사업을 하고 싶어 했다. 혼자 새로운 메뉴를 개발할 자신은 없고 가맹점을 열어 재료를 납품받아서 하는 정도는 어렵지 않을 것이라는 생각이었다. 실습기간에 간단한 요리연수를 받았는데 어려운 과정이 아니어서 자신감도 가지게 되었다. 입맛이 까다로워 평범한 사람보다 맛을 잘 낼 수 있을 거라는 주변 사람의 이야기도 힘이 되었던 것은 사실이다.

그러나 막상 가게를 오픈하고 보니 귀찮은 일이 한두 가지가 아니었다. 매일 아침 회사 출근하는 시간은 아니지만 부지런히 청소를 하고 준비를 하고 세팅하는 일이 처음 한 달간은 잘 되더니 슬슬 짜증이 나고 하기 싫어졌다. 그러다 보니 시작할 때의 가게 분위기가 한 달 만에 마치 몇 년 된 가게처럼 빛을 잃어가고 있었다.

가게를 오픈하기 전에는 지나가는 사람들이 다 자기 식당에서 밥을 먹을 것 같은 생각이 들더니 오픈하고 한 달 뒤에는 길에 지나가는 사람들을 쳐다보고 있는 가게 안의 자신을 발견하게 된 것이다. 오픈하고 한 달 만 반짝하더니 매일 파리만 날아다녔다.

가게를 열기만 한 것이지 가게를 위해 노력하는 점이 없었다. 가끔 찾아오는 손님도 이제는 귀찮아졌다. 띄엄띄엄 찾아오는 손님을 위해 모든 준비를 해야 한다고 생각하니 차라리 오지 말고 그만했으면 하는 생각이 들었다고 한다. 그렇게 그 친구는 일 년이 채

지나지 않아서 문을 닫고 말았다.

　가게를 정리하고 여기저기 직장을 옮기면서 다양한 일을 하게 되었다. 한군데 오래 일하는 성질은 아니었나보다. 자기 사업을 하던 사람이 남 밑에서 일하는 것이 쉽지 않은 모양이었다.

　지난 사업의 실패를 돌아보고 스스로 점검을 해 보더니 이제는 자신이 있다고 다시 해봐야겠다고 했다. 얼마나 자신이 게으르고 부질없는 꿈에 사로잡혀 있었는지 한참 뒤에야 깨달았다는 것이다.

　그렇게 두 번째 사업을 시작했다. 작은 설렁탕집이었다.

　여기저기 맛집을 다니면서 노하우도 물어보고 TV에서 나오는 사장님들의 깨알 같은 비법도 탐구하기 시작하더니 이번에는 달라보였다.

　찾아오는 손님에게 음식을 내 놓고 맛이 어떤지 물어보고, 무엇을 좋아하는지, 무엇을 첨가하면 더 나을지 등 손님의 입맛과 취향을 위해 애쓰고 노력하다보니 단골이 늘고 매출도 덩달아 뛰기 시작한 것이다. 딘골손님의 얼굴도 금방 기억해내는 모습이 예전의 친구 모습이 아니었다.

　새벽부터 국물을 내기 위해 혼신의 힘을 다하고, 포장하는 손님을 위해서 미리 포장팩을 연구하기도 했다. 찾아오는 어린 아이들을 위한 공간도 마련되었다.

　동네에서 소문이 나니 늘 손님들로 가득 차고 멀리서 오는 손님도, 포장하는 손님도 늘어서 이제는 유명한 맛집으로 소문나 있었다.

생각을 바꿔라 그러면 보일 것이다.

그저 그랬다. 처음에는 가게만 열면 손님이 마치 쏟아질 것이라는 막연한 생각이었다고 했다. 그래서 열었고 결과는 비참했다. 경험도 노력도 뭐하나 제대로 준비된 것이 없었다. 실패 후에도 별로 느낌이 없었다고 했다. 하지만 프랜차이즈라는 것이 가맹비와 인테리어비 등 들어가는 돈이 만만치 않았다. 하지만 고스란히 내가 모두 책임져야 하는 것이고 나의 잘못이라는 생각이 들자 정신이 번쩍 들었다는 것이다.

잘되는 가게를 돌아보기 시작했다. 사장님들의 눈빛이 달랐다는 것이다. 늘 가게의 여기저기를 매의 눈으로 관찰하고 손님들을 왕처럼 모시면서 작은 서비스에도 최선을 다하는 모습을 보고나니 지난날의 자신의 모습이 얼마나 초라했는지를 반성했단다. 그렇게 반성하고 생각이 바뀌자 다시 일어설 용기가 생겼다. 이번에 망하면 죽는다는 생각을 가지고 덤벼든 것이다.

지금 이 순간에 집중하라

지금 최선을 다해야 한다. 오늘 최선을 다하지 않으면 내일이란 존재하지 않는다.

오늘 최선을 다하지 않으면 내일도 최선을 다하지 않는 오늘이 반복될 뿐이다. 내일부터란 말은 집어치워야 한다. 그래서 오늘 하루를 열심히 살아야 하는 이유다.

오늘도 그리고 내일도 열심히 살 수 있는 방법은 루틴뿐이다. 노력하는 루틴. 루틴을 발전시켜야 한다. 내일이 더 나아지려면 오늘의 루틴을 돌아보고 점검해야 한다. 오늘의 루틴을 수정하고 보완해야 내일의 루틴이 나아지는 것이다.

그래서 오늘보다 나은 내일의 성장을 맛볼 것이다. 최선을 다하지 않는 오늘 뒤에 성공하는 내일이란 없다.

인생을 갈고 닦는 방법은? 루틴을 실천하는 것이다.

나는 자동차를 좋아한다. 자동차를 새 차처럼 유지하려면 엔진오일도 제 때에 갈아줘야 하고 타이밍벨트도 일정한 시간이 지나면 갈아야 한다. 타이어 마모도 살펴야 하고 워셔액도 보충해야 한다.

인생도 마찬가지다. 가만히 내버려두면 먼지만 쌓이고 고장 나기 마련이다. 인생을 갈고 닦는 방법은 루틴을 점검하는 것이다. 루틴에 먼지가 쌓이고 잘 돌아가지 않는다면 자동차가 멈추는 것처럼 인생도 곧 멈추게 될 것이다.

어제의 루틴을 점검하고 먼지를 털어내고 다시 오늘 실천해야 한다. 오늘의 먼지는 다시 내일의 루틴을 병들게 한다. 그래서 매일 점검하고 실천하는 노력이 필요한 것이다.

루틴의 점검, 그리고 실천.
멋진 인생을 시작하는 첫걸음이다.

여자의 루틴
- 다이어트

며칠 전에 우연히 보게 된 미스코리아 출신 가수가 나오는 TV의 한 예능 방송에서다. 그녀는 고등학교 당시 대학입시를 위해서 너무 심하게 몸 관리를 하다가 입시가 끝나자마자 미친 듯이 먹었다고 한다. 그래서 갑자기 불어난 몸으로 대학을 들어갔는데 면접관 교수님께서 알아보지 못하셨다는 것이다. 그 후에 다시 다이어트를 시작하고 이제는 꾸준한 관리로 24년간 같은 몸무게를 유지한다는 비결을 말했다. 자기 전에 매일 혹시라도 유지가 안 될까 싶어 조마조마하며 스트레칭과 몸무게를 체크하고 하루를 마감한다는 이야기를 들었다.

다이어트!
"먹고 싶지만 다이어트는 하고 싶어."
여자들이 로망이 아닐까 싶다. 여자들과 함께하는 식사자리에서 늘 빠지지 않고 등장하는 단어가 바로 다이어트다. 밥을 적게 먹거나, 탄수화물은 먹지 않고 야채만 먹는다거나, 야채와 과일을 섞어서 소스로 버무려서 간단히 식사를 해결하는 경우는 이제 너무 많이 봐 왔다.

다이어트는 나이가 많고 적음이 아니다. 사춘기를 지난 이후는 거의 모든 여자들의 주된 관심사로 보인다. 가끔 TV에서 모델같이 마른 여자가 잘 먹는 경우를 보면 너무 부러워한다.

'어쩜 저렇게 먹는 데도 살이 안 찌냐?'면서 스스로를 비하하거나 식습관의 후회와 잠시 자기 자신을 돌아보기도 한다. 특히 결혼을 해 아이를 키우는 여자의 경우에는 더하다. 출산 후에 불어난 몸은 줄어들지 않고, 게다가 산후조리가 제대로 안 되었다면서 덜 움직이고, 아기를 위하려면 산모가 잘 먹어야 한다면서 먹고 싶은 음식을 마음껏 먹고서는 다시 후회하는 루틴의 반복.

그러다 보니 한번 늘어난 위는 다시 줄어들지 않고, 그래서 한 끼의 식사는 이제 양을 줄일 수 없다.

낮에 먹는 간식도 좋지만 저녁을 먹고 난 후 늦게 찾아오는 야식 타임은 얼마나 기가 막히는가? 자기 전에 배고픔을 달래기 위해 아주 조금만 먹기로 하고 시킨 야식은 너무 맛있다. 불어난 몸, 때마다 거르지 않는 맛있는 식사, 그리고 중간 간식, 게다가 환상적인 야식까지. 우리의 하루는 그렇게 먹는 걸로 채워지고 커피와 수다는 필수다. 하루가 너무 행복하게 돌아간다.

'다이어트는 내일부터 해야지.'

다이어트를 꿈꾸는 당신이라면 첫 번째 집에 있는 냉장고를 열어보자.

냉동실을 보면 당신의 루틴을 어느 정도 이해할 수 있다. 혹시 비닐 봉지에 들어 있는 물건들이 무엇인지 정리되어 있는가? 아니면 온갖 비닐들이 쌓여서 문을 열자마자 물건이 뛰쳐나올 정도는 아닌가?

언제 넣어두었는지 모르는 물건들로 자리를 차지하고 있지는 않은가? 그리고 두 줄 뒤의 물건이 무엇인지 기억이 나지 않는가? 유통기한이 지난 물건은 또 얼마나 있는가?

냉장고는 바로 당신의 뱃속과 같다.

'우선 아무렇게나 넣어두고 정리는 나중에 해야지' 하는 사람은 먹는 것도 '일단 먹고 나중에 빼야지' 하는 마음과 같다. 우선 저지르고 처리는 나중에 하는 스타일이다.

그러나 저지르는 일도 처음에 한두 가지일 경우에만 처리하기가 쉽다. 내가 가진 역량을 넘어선 정리는 이제 내 몫이 아니다. 한번 미루어진 정리는 처음으로 돌아가기 힘들다는 것을 너무도 잘 안다.

처음부터 배가 나오지 않는다. 하루 이틀은 티가 나지 않는다. 괜찮아 보인다. 하지만 하루 이틀 지나고 일주일이 지나고 한 달이 지나면 옆구리가 두꺼워지고 한번 나온 배는 들어갈 생각을 하지 않는다.

　냉장고도 처음에는 여유 있고 정리도 잘 되어 있었다. 하지만 필요한 물건은 점점 더 많아지고 혹시나 필요할 거라 하나 더 사고, 1+1으로 세일해서 하나 더 사고, 그렇게 냉장고는 비만이 되어 간다.

　당신의 냉장고는 이미 당신을 닮아 있다는 사실을 부인하기 힘들다. '내일 해야지' 하던 냉장고 정리는 '내일부터 해야지' 하는 당신의 다이어트와 무엇이 다른가? 일단 당장 필요하지 않지만 언젠가 필요하다면서 사놓은, 그리고 충동구매로 사놓은 냉동만두는 '사람이 먹는데 인색하면 안 된다'면서 배부르게 먹는 식습관에 길들여져 이제는 배가 불러야 '좀 먹었구나' 하는 생각을 하는 당신과 무엇이 다른가?

　냉장고를 보면 당신을 알 수 있다.

두 번째 가스렌즈는 안녕하신가?

　냉장고 정리가 안 되어 있거나, 마구마구 쑤셔 넣어진 냉장고를 가진 사람이라면 가스렌즈를 유심히 살펴볼 필요가 있다. 가스렌즈는 다이어트가 되어 있는가?

　생선에 삼겹살, 그리고 각종 찌개들, 아이들이 좋아하는 소시지, 햄, 그리고 계란 프라이, 야식의 라면까지……. 프라이팬이나 뚝배기, 라면을 끓이는 냄비는 늘 넘치기 마련이다. 그렇지 않으면 1인분이다.

한쪽에는 미역국, 다른 한쪽에는 김치찌개로 가스렌즈 위가 항상 먹다 남은 냄비로 가득하지 않은가?

한두 번, 딱 한두 번이면 한번 낀 기름때는 쉽게 지워지지 않고, 남겨진 찌개는 쉽게 버려지지 않는다. 그렇게 가스렌즈는 냉장고의 친구가 되어 가고 있는 것이다.

눈을 돌려 숨겨진 수납장을 열어보자.

병따개부터 여기저기서 모은 빨대며, 냄비받침까지 만물상이 모여 있듯이 한자리에 가득 차 있다면 당신은 아직 준비가 안 된 것이다. 보이지 않는 서랍 속이 일단 넣어두고 보는 장소라면, 물건을 찾을 때 온 서랍장을 뒤져야 한다면 당신은 아직 마음의 준비를 할 수가 없다. 준비를 하더라도 곧 머지않아 다시 원위치에 있는 당신을 발견할 것이다.

다짜고짜 다이어트 이야기 하다가 주방으로 눈을 돌려서 시비를 거는 거냐고 반문할 수도 있다. 하지만 다이어트는 며칠 굶는다고 되는 것도 아니고, 한 달 운동한다고 살이 빠진 채로 영원히 사는 것이 아니다. 다이어트는 사람이 바뀌어야 하는 것이다.

다른 사람으로 태어나야 한다. 어제와 다른 오늘이 시작되어야 행동이 변하고 몸이 변하는 것이다.

내 주변을 둘러보고 작은 것부터 바꾸어 보라. 그리고 마지막으로 나를 돌아보면 된다.

잠시 동안의 개인적인 욕심이나 미련을 버리고 오로지 내일의 나의 모습에 초점을 맞추어 생각하고 부엌의 다이어트를 시작해보자. 부엌 다이어트가 마무리 되는 순간 나의 몸도 준비를 마치는 시간이다.

한때 〈냉장고를 부탁해〉라는 프로그램이 있었다. 출연자들이 유명인들이고 냉장고를 여는 순간 최고의 요리가 시작되지만 막상 실생활은 그렇지 않다. 남의 집에 가서 냉장고를 열어본다는 것은 결코 있을 수 없는 일이다. 냉장고는 여자의 자존심이고 마지막 보류였다.

하지만 이제 자신 있게 열어 먼저 보여주자(병이 줄을 맞추고 있고, 상표가 일렬로 정돈된 냉장고를 말하는 것이 아니다).

냉장고를 자신 있게 여는 당신이라면 당신은 다이어트 할 필요 없을 것이다.

부엌을 자신 있게 공개하는 당신이라면 이미 당신은 다이어트에 성공했을 것이다.

냉장고의 루틴, 가스렌즈의 루틴, 그리고 수납장의 루틴까지 부엌 여기저기서 묵혀 두었던 작은 루틴들을 찾아보자. 그 작은 루틴의 변화가 당신의 몸에 다가올 때쯤 당신은 이미 꿈꾸는 다이어트를 하고 있을 것이다.

여자의 다이어트는
냉장고가 시작이다.

남자의 루틴

루틴에도 남녀 차이는 존재한다. 남자가 잘 하는 루틴이 있고, 여자가 잘 하는 루틴이 따로 있다.

예를 들면 남자는 운동을 잘 하고 싶은 욕구가 강하다. 물론 그렇지 않은 사람도 있다는 것을 알지만 일반적인 경우를 보면 대개 그렇다는 말이다.

결혼을 하기 전이라면 운동으로 몸을 다져서 좋아하는 여자 친구에게 뽐내 보이고 싶고, 여름 바닷가에서 친구들 앞에 가슴을 풀어헤치며 자랑도 하고 싶어진다. 그런 꿈을 가지고 남자는 운동을 시작하게 된다. 물론 건강을 위한다는 말이 가장 우선임에는 틀림없다.

나의 경우에도 맨손 운동 대가들의 뒤태가 부러워 집에서 할 수 있는 철봉을 구입해서 당장 설치는 했지만 꾸준히 실천하는 것이 너무 어려웠다. 유튜브에서 보게 되는 해변가 철봉하는 사람들은 근육이 많아 보이지도 않은데 철봉 위에서 온갖 재주를 다 부리는 모습들이 나도 금방 따라할 수 있을 것으로 보였기 때문이다. 남자만 하는 것이 아니라 철봉하는 여자들도 혀를 내두를 만큼 잘 하는 모습들이다. 나도 강한 어깨와 넓은 등 근육을 가지게 되리라. 여름에 반팔티셔츠를 입으면 허리는 개미허리지만 어깨가 너무 넓어서 다들 깜짝 놀랄지도 모르는 상황을 항상 머리에 두고 턱걸이를 하게 된다.

하루에 한 개씩 시작을 하리라. 하지만 옷을 먼저 걸어두게 되고, 짐을 치우다 보면 맨 구석에 있는 기구를 발견하게 된다. 물론 매일 기구 옆에 있는 시간이 적어서 못하고 있기도 하다(매일 숙소에 가지 않는다). 지금도 매일 아주 조금씩은 하고 있다. 언제쯤 나의 등 근육이 반응하게 될지 더 두고 봐야 할 것이다.

같은 직종에 근무하는 친구가 있다. 대학 때부터 같이 살기도 하고 20년 이상을 만나고 있는 친구이다. 그 친구는 요즘 수영을 하고 있다고 했다. 주로 혼자 하는 운동을 좋아하는 친구다. 집 근처 호숫가를 달린다거나, 공원에서 혼자 걷기를 한다거나, 주로 경쟁하고 어울리는 운동보다는 혼자 조용히 즐기는 운동을 선택하는 친구다. 그 친구는 운동 후에 사우나에서 잠시 땀을 빼고 샤워를 막 끝냈을 때의 기분이 최고라고 한다. 그 기분 때문에 매일 운동을 하게 된다고 말한 적이 있다.

운동을 하고 난 후의 개운함과 상쾌함. 내가 살아있음을 느끼는 기분. 콧노래가 저절로 나오고, 몸은 가볍고, 무엇인가 다 잘 될 것 같은 기분. 바람이 살을 스치는 느낌들. 바람의 숨결. 이 세상을 몸으로 맞이하는 듯한 기분을 느껴본 사람은 알 것이다. 운동을 하는 이유인지도 모른다. 어떤 운동을 하더라도 스트레스를 날리고 난 후의 기분이란 정말 인간으로서 최고의 순간이라고 생각한다.

직장에서 만난 후배의 경우이다. 직장 내에 골프 연습장이 있다. 직장도 옮기고 새로운 마음으로 근무자세도 가다듬고, 운동도 같이 시작했다. 나는 골프에 빠지진 않았지만 시간이 되는 대로 조금씩 하는 정도였다. 일주일에 한번 레슨을 받고, 연습은 두세 번 하는 정도의 스케줄이다. 처음에는 자세부터 엉성하고, 공도 잘 맞지 않고, 힘만 잔뜩 들어가는 누가 봐도 딱 초보자다.

하지만 요즘에는 아파트 단지 지하에 골프 연습장을 갖춘 곳을 자주 보게 된다. 그 후배도 지하실에 있는 골프 연습장을 일주일에 두세 번은 간다고 했다. 초보자일수록 성장의 변화는 남다르다. 물론 스스로 연습을 했을 경우만이 그렇다. 그 후배도 처음에는 자세도, 공을 맞는 소리도, 그리고 날아가는 공의 방향도 하루하루가 달라질 정도로 좋아졌다. 무엇이든지 시작하는 일이 잘되면 기분도 좋아지고 돈을 쓰게 된다. 그 운동이 좋아지면 운동에 관련된 물건을 사게 된다. 후배는 7번 아이언 클럽을 중고로 하나 샀다. 주변에서 중고로 사라는 충고도 하고, 본인도 처음부터 새것을 사기에는 자기 실력이 아직 아니라고 생각하는 했던 모양이다. 그렇게 몇 개월이 지나더니 이번에는 우드를 사겠다고 했다.

주변에서 다양한 클럽으로 운동하는 모습에서 자기도 한 단계 업그레이드 하고 싶었던 것이다. 인터넷으로 여기저기 알아보고 중고 골프숍도 알아보더니 어느 날 외국 브랜드의 3번 우드를 구입해서 가지고 왔다.

하지만 운동이 늘 실력이 늘지 않는다. 매일매일 성장 곡선을 그리며 실력이 하루하루 늘지 않는다는 것이다. 슬럼프는 찾아오게 되어 있다. 아직 누구나 한번쯤 겪게 되는 슬라이스도 쳐보지 않은 상태였다. 그래서 실력이 비슷한 사람이 같이 하면 운동과 더 친해지기 쉽다. 처음에는 자세도 잡아주고, 안 맞던 공도 경쾌하게 잘 맞으면서 실력이 느는 모습이 본인도 느껴진다.

하지만 몇 달이 지나면 지루해지는 시간이 찾아온다. 한계에 부딪히는 것이다. 이때부터는 연습량이 결과를 말해준다. 꾸준히 쌓아야 한다. 절대적인 연습량이 실력을 말해준다. 물론 감각이 있는 사람이라면 나아지는 속도 또한 빠르겠지만 운동 감각이 둔한 사람이라면 향상 속도도 더디게 마련이다.

여기를 벗어나려면 개인적이 노력이 필요하다. 견뎌야 한다. 반복되는 루틴력이 힘을 발휘하는 순간이다. 스크린에서나 필드에서 멋지게 샷을 날리는 나의 모습에 주변에서 '나이스 샷' 연발하며 박수치는 모습을 상상하며 연습에 연습을 해야 한다.

그래서 루틴력이 부족한 사람은 운동을 시작한 지 몇 달이 지나면 다시 원래의 자리로 돌아오게 되는 것이다. 한계점을 지나야 사막의 오아시스를 발견할 수 있다. 너무 멀어서 가는 도중에 포기하게 되는 것이다. 목적지만 있는 것이 아니다. 가는 도중에 발견되는 사막의 신기함이나 볼거리가 분명히 있을 텐데 거기까지 못 미치는 것이다. 너무 먼 곳을 보고 달리다가 지쳐 쓰러지는 경우이다. 그 후배는 이제 골프를 더 이상 하지 않는다. 원래 음악을 하던 친구였다.

직장 상사 이야기다. 루틴의 대명사 같은 분이시다. 새벽에 일어나서 가벼운 체조로 몸을 푼 다음 간단한 식사를 하고 운동으로 골프 연습을 한 시간정도 하신다. 일 년을 지켜보니 눈이 오나 비가 오나 늘 같은 시간에 같은 자세로 운동을 하고 있다. 레슨도 함께 받고 있으니 실력이 느는 것은 당연한 일이다. 운동을 이야기하는 것이 아니다. 운동 후에는 매일 악기 연습을 하신다. 색소폰을 연주하시는데 10년째 하고 계신다. 그것도 매일 색소폰을 한 시간씩 분다는 것이 초보자에게는 쉬운 일이 아니다. 처음에 나도 색소폰을 배우겠다고 불기 시작했는데 어찌나 입이 아프던지……. 아직 근육이 만들어지기까지 시간이 필요한 것이다.

10년이나 하셨으니 이제 입술이 당기는 일은 없겠지만 한 시간이나 분다는 것이 쉬운 일은 아닐 것이다. 일주일에 한 번씩 레슨도 하시고 계시다. 오전에 한 시간, 오후에 한 시간. 이렇게 매일 같이 10년.

가끔 회식자리나 모임에서 연주를 하실 때가 있는데 아마추어 연주로서는 기가 막힐 정도다. 악기를 전공하신 분과 비교해도 손색이 없을 정도로 연주 실력이 대단하다.

많은 남자 중년들이 가장 많이 하는 악기가 색소폰일 것이다. 모든 배움이 그렇지만 누구에게 배우는지가 상당히 중요하다. 그만큼 스승의 위치가 곧 나의 실력을 반증한다. 전문강사에게 배운 지가 벌써 3년.

처음부터 잘 못 배웠다고 한탄하셨지만 이제라도 좋은 스승을 만나서 즐겁게 배움을 이어가는 모습이 감탄스럽다.

그 분의 꿈은 전원주택에 사시면서 동네 어르신들과 시원한 막걸리 한잔을 나누고, 듣고 싶은 곡을 연주해 드리는 것이다. 어르신들의 노래도 곁들이면서. 그 꿈을 향해 매일 한걸음, 한걸음 나아가고 계신다.

루틴은 지루하다. 매일 반복되는 일상에 지칠 만도 하다. 하지만 여기서 지면 더 이상 나아가지 않는다. 내 실력에서 볼 수 있는 행복을 찾아보아야 한다. 그 작은 성공을 발판으로 더 나은 내일을 위해서 오늘을 나아가야 한다.

오늘의 지루함이 내일의 성공을 가져온다.

사회적으로 인정받거나 스스로 인정하는 대단한 성공이 아니라도 좋다. 지루함을 견뎌내는 작은 노력에 따른 작은 성공은 쌓이면 무서운 힘으로 발휘된다.

쉬어 갈 수는 있다. 쉬어야 할 때도 있다. 우리는 로봇이 아니다. 하지만 다시 내일의 발전, 성공을 바라보며 오늘을 달려야 한다. 힘들면 걸어서라도 나아가야 한다. 그래야 나아진다.

직장에서, 운동장에서, 헬스장에서, 골프장에서, 또는 가정에서도 우리는 오늘 작은 성공을 맛보며 내일을 준비하자.

현대인들이 필요로 하는
워너비 루틴

여가도 일이더라

10년이면 강산이 변한다는 말이 있다. 직장생활한 지 벌써 20년이 다 되어 가니 강산이 2번 변했을 시간이다. 직장생활을 처음 할 때는 직장에 대한 이상도 많았었다.

'직장을 다니면 몸에 딱 맞는 슈트를 입고 야근조차도 멋있게 하면서 손에는 커피를 들고 늘 고민하고 연구하는 모습으로'라는 생각으로 가득 차 있었다.

하지만 현실은? 아침부터 쏟아지는 업무에 할 일은 미루어지고, 몸은 하나인데 여기저기 부르는 곳은 동시다발이고, 오후에는 몸이 바닥에 붙을 정도의 파김치가 되고, 저녁을 먹으면 그대로 어디에서라도 잠들어 버리는 이건 뭐 일하는 기계라고 말할 수밖에 없었다.

퇴근만 하면 힘들어 지쳐서 쉬고 싶은 마음뿐이지만 체력이 회복되면 언제 그랬냐는 듯이 움직이고 싶어 하고……. 그래서 젊음이 좋다고 하는지 지나고 보니 알게 되었다.

회식도 자주 찾아왔다. 특별한 일이 없어도 예고 없이 따라가서 끝날 때까지 앉아 있어야 했고, 자리에서도 하고 싶은 말을 하기보다 들어주기에 바빴던 기억. 그냥 어른들의 말을 잘 들어야 한다고 딱히 말한 사람은 없었지만 내 몸은 이미 사회생활을 하고 있었다.

실제로 그런 회식자리 빠짐없이 잘 찾아다니며 인사 잘 하고 싹싹한 친구들이 훨씬 더 인정받는 모습을 보면서 '사회생활은 저렇게 하는구나'라는 생각을 한두 번 한 것이 아니었다.

봄이 오면 여기저기 몰려드는 결혼식 때문에 주말은 늘 반납해야 했고, 죽은 이가 누군지 모르는 상갓집은 더욱더 전국을 누비며 밤을 새워 달리기 바빴다.

젊고 남자라는 사실이 사회생활에서도 여러모로 쓸모 있는 일이었다.

운동도 마찬가지였다. 월마다 열리는 월례대회, 그리고 봄, 가을 열리는 클럽별 정기대회. 막내는 뛰는 경기보다 보조의 일이 더 많았고, 각종 허드렛일로 시간을 보내고 밥 한 공기 얻어먹으면서 하루를 보내면 그만이었다. 그런 일에 시간 보내는 것을 아까워하지 않고 그래야 하는 줄 알고 사회생활의 일부라 여기며 운동했던 시간이었다.

칼퇴근은 기본

직장생활하면서 마음 편히 조퇴를 한 적이 없었다. 중견이 된 지금도 마찬가지다. 이 사실만으로도 나이를 추측할 만도 하다. 벌써 진 게임인지 모른다.

하지만 요즘 후배님들은 다르다. 당당하다. 자신의 권리와 의무를 확실하게 구분할 줄 안다. 일할 때는 일하고 그리고 요구할 때는 당당하게 요구하는 모습이 너무 멋있다.

"나 때는 말이야……"라는 말이 부끄럽다.

퇴근할 때에도 부장님의 눈치를 보며 시간을 체크했다. 지금처럼 퇴근 시간에 짐 싸서 나가버리는 일은 하면 안 되는 일인 줄 알고 살았다. 항상 어른을 먼저 챙기고 따랐다. 틀리더라도 "어른 말을 들으면 자다가도 떡이 생긴다"는 말을 진실로 받아들이고 그게 맞을 것이라고 확신했다.

하지만 요즘은 선배들이 틀리는 경우가 너무 많다. 후배님들이 실력이 더 낫기도 하고, 판단이 옳을 때도 있다. 무조건 어른을 따르는 일은 무모한 일이 되어 버렸다. 그래서 집단 지성이 또는 똑똑한 창의성 있는 친구들이 일을 잘 한다.

요즘 후배들 앞에서 옛날 이야기하는 것은 한참이나 달라진 군대문화를 뒤로 하고 "나 때는 말이야" 하면서 군대 이야기 하는 것과 같다. 이제 그만해야 한다.

칼퇴근은 기본이다. 일할 시간에 일하고 퇴근 시간에 퇴근하는 것이 무엇이 잘못이고 누구를 탓할 일인가? 맞다. 부정할 수 없다. 그리고 저녁이 있는 삶, 자기계발, 또는 저녁시간을 가족에게 주어야 한다. 설령 혼밥이고 혼술이라도 마음 편히 먹는 밥이 훨씬 더 맛있는 법이다.

나를 관리하는 루틴

요즘 서점에 가면 캘리그라피 책이 많이 보인다. 웬 글씨?라고 할 수도 있지만 캘리그라피가 인기다. 손 글씨를 다들 잘 쓰고 싶어 하고 《글씨를 바꾸면 인생이 바뀐다》는 책은 베스트셀러이다.

글씨는 사실 유치원 때부터 잘못된 루틴으로 만들어진다. 너무 어린 나이에 연필을 사용해서 생기는 잘못된 루틴으로 글씨가 삐뚤어지기 시작한 것이다. 손가락에 힘이 없다보니 연필을 꽉 쥐게 되고 이런 루틴은 바른 글씨 쓰기에 어려움을 초래한다. 두꺼운 색연필을 오래 사용하고 손가락에 힘이 생겼을 때 연필을 사용해야 한다. 한두 번으로 고정된 연필잡기는 거의 대부분이 평생 그렇게 익숙해져 간다.

하지만 불가능한 것은 아니다. 바른 글씨뿐 아니라 이쁜 글씨까지 모두 다 가능하다. 처음부터 다시 하더라도 어린 아이보다 진도도 빠를 것이고 만족도도 높다. 참을성만 있으면 가능한 일이다. 그래서 필사노트와 함께 완전히 글씨가 바뀔 때까지만 끌고 가면 성공이다. 늘 끼고 살아야 한다.

성질 급한 사람은 빨리 포기하게 된다. 그래서 정답은 '느리게' 이다. 천천히 쓰는 맛에 길들여져야 한다. 한 획, 한 획에 감동하고 멋을 부려야 한다. 혹시 집에 굴러다니는 캘리그라피 책이 있다면 한 번 더 눈길을 던져보자.

큰 길 사거리 상가 큰 유리창에 쭉~~ 둘러싸인 런닝 머신과 스피닝.

10년 전만 하더라도 헬스장에 PT는 생소한 단어였다. 비싸기도 했고 '헬스장이야 그냥 혼자 기구 들면 되는 것을 군이 트레이너가 와서 가르쳐야 돼?' 하는 생각이었다.

하지만 그건 안 받아본 사람의 얘기다. 한번 받아본 사람은 효과를 증명한다. 일단 빠지지 않고 출석하며 함께 다니며 운동을 가르쳐 주기 때문에 효과는 말할 필요가 없다. 게다가 식단관리는 덤이다. 그러니 운동을 끊을 수가 없다.

다가오는 여름을 준비 안 할 수 없다. 더구나 요즘 연예인들은 왜 이리 멋진 몸을 만들어서 나오는지 알 수가 없다. 아이돌 몸은 예술에 가깝다. 유트브에 나오는 형은 맨몸운동 한다고 낑낑대더니 이제는 제법 자세가 나오고 내가 봐도 놀랍다. 푸시업 100개씩 한 달만 해도 몸이 달라진다고 하니 나라고 못할 것이 없다. 예전에 구입한 철봉기구가 방 한쪽 구석에 있다.

대한민국 남자들은 지금 운동 중이다.

골프 이야기를 안 할 수가 없다. 나도 젊을 때는 골프가 무슨 운동이냐고 쳐다보지 않던 사람이었다. 넘치는 에너지를 작은 공 하나만 치고 간다는 것이 도저히 이해할 수 없는 부분이었다. 그건 어디까지나 골프를 접하기 전의 생각이었다.

골프클럽으로 한 시간만 연습해보라. 자세를 정식으로 바로 잡고, 신중하게 필드라 생각하고 목표를 향하여 공치기를 한 시간, 지겨울 수도 있지만 공이 잘 맞았을 때의 그 경쾌한 기분을 해본 사람은 이해할 것이다. 멋지게 관리된 필드의 잔디, 그리고 연습한 대로 쭉 뻗어 나가는 공, 스코어에 상관없이 좋은 사람과 함께라면 얼마나 인생이 행복하겠는가?

골프연습장을 지날 때마다 사람들로 가득 차 있는 모습을 보고 이제 골프는 대중운동이라 여겨도 되지 않을까?

이외에도 한강을 따라 달리는 비싼 바이크, 여기저기 선생님 모시고 진행하는 다양한 독서클럽 등. 유튜브만 찾아봐도 지금 우리나라에서는 자기계발과 여유 있는 삶을 향한 노력들로 가득 차 있다.

회식도 일이었던 시대는 지나고 이제는 각자의 삶을 찾아 자기만의 길을 나서고 있다.

나는 어떤 길을 선택하고 또 어디까지 와 있는가?

내가 선택한 그 길이 옳은 길이 아니어도 상관없고 어디라도 상관없다.

하나뿐인 나의 삶. 내일의 삶을 응원하기 위한 오늘의 루틴을 나는 매일 실천할 것이다.

내일도 나의 루틴력은 살아 움직일 것이다.

잘 안 되는 루틴,
누구나 실패하는 루틴

오래전의 이야기다. 12월 31일 저녁에 친구 3명과 함께 정동진으로 새해 해돋이를 보러 간 적이 있었다. 저녁을 일찌감치 배부르게 먹고 주차장 한쪽 귀퉁이에 미리 자리잡고 차 안에서 밤새 쪽잠을 자며 해가 밝아지기를 기다렸다. 새벽이 밝아오자 기차에서 사람들이 쏟아지더니 드디어 그 넓은 모래사장을 가득 채우는 것이었다.

수평선 너머에서 불타오르는 해가 떠오르자 사람들은 환호성을 지르기도 하고 고개를 숙여 기도를 하는가 하면 카메라 셔터를 누르기도 했다. 순간 '저 사람들은 이 순간에 무슨 생각을 하고 있을까?'라는 생각이 들었다. 그때 사람들은 무슨 생각을 했을까? 그리고 나는 또 무슨 생각을 했을까?

해가 바뀌면 한해 다짐을 많이 한다.

올해는 꼭 다이어트에 성공해야지, 담배를 끊어야지, 취업을 해야지, 운동을 해야지, 책을 많이 읽어야지, 재테크를 해야지 등.

어느 일간지의 뉴스에 따르면 해가 바뀌면 헬스장의 1월 신규 회원 수는 지난 12월의 회원 수보다 50%정도 증가한다고 한다. 하지만 신규 회원 수가 연말까지 가는 경우는 드물다고도 한다.

주변에서 담배를 끊고 싶어 하는 사람들을 많이 봤다. 하지만 실제로 끊는 사람의 비율은 아주 낮다.

매일 얼굴 보며 지내는 사람들 중에서도 다이어트를 입에 붙이고 사는 사람도 많다. 하지만 늘 그대로이다. 매일 풀만 먹는데도 왜 빠지는 모습은 보이지 않는 걸까?

직장 동료 J씨처럼 책을 읽어야지 하는 사람도 있었지만 그 사람은 한 권을 읽는데 한 달 이상이 걸리더니 그 후로 일 년 동안 책을 읽는 모습을 보지 못했다.

실패할 결심을 왜 했을까? 왜냐하면 실패할 수밖에 없는 전략으로 접근했기 때문이다.

꼼꼼히 다시 살펴보자.

다이어트는 실천이 중요하다.

식단 조절이 첫 번째다. 운동으로 살을 빼려면 하루 종일 운동만 해야 할 것이다.

탄수화물 비율을 줄이고 단백질 비율은 높이되 양은 평소의 반으로 줄여보자. 이 말은 수백 번 들어본 말일 것이다. 실제로 실천해보면 먹은 것 같지 않다. 먹다가 만 기분이다. 하지만 상상해보자. 이미 빠지고 있는 나의 허리, 물살로 가득한 몸의 여기저기가 조금씩 움직인다는 상상을 하자. 가벼운 운동을 곁들인다면 더 좋겠지만 무리는 금물이다. 가벼운 등산도 좋다. 딱 하루만 버티자. 함께하는 동료가 있으면 더 좋다. 혼자보다는 무조건 팀이 낫다.

하루 만에 몸무게로 결과가 나타나지 않는다. 몸이 가볍다는 건 기분 탓일 게다. 상관없다. 그 기분 유지하면 얼마나 살 만한가? 다이어트에 성공한 연예인 사진이라도 붙여놓자.

삼 일이면 효과가 나타난다. 적어도 몇 백 g이라도 빠져 있다. 성공이다. 먹으러 가자는 동료는 잠시 멀리한다. 일부러 전화도 피한다. 독해져야 한다. 아무도 나의 삶을 대신 살아주지 않는다. 가볍게 먹고, 가볍게 운동하고, 당분간 나에게 집중하자.

담배를 끊어보자.

담배를 끊고 싶은 사람에 한해서다.

담뱃갑 표지에 흉측한 사진들이 많이 있다. 나는 담배를 피우지 않아서 자주 보지 않지만 정말 보고 싶지 않은 사진들이다. 하지만 사람은 금세 무뎌진다. 지나치기 마련이다. 나와 상관없는 일이기 때문이다.

하루아침에 끊는 건 무리다. 며칠 끊을 수는 있지만 대부분이 다시 시작하는 것을 나는 수도 없이 봐왔다. 줄이는 것을 목표로 하자.

담뱃갑에 내가 가장 사랑하는 사람 사진을 붙여두자.

'뭘 그렇게까지 할 필요 있을까?'라고 생각하겠지만 효과는 확실하다. 머릿속으로 생각하는 것과 두 눈으로 확인하는 것은 다르다. 사랑하는 사람이 자식이라면 더 빠르겠다.

내가 담배를 피우는 이유는 확률상 내 아버지가 담배를 태웠을 가능성이 높다.

이제 자식에게 물려주는 건 아니지 않은가? 아이가 더 기억하기 전에 좋은 모습만 보여주자. 몰래 피우는 것도 한두 번이지, 더 이상 치사하게 살지 않기로 하자.

책을 읽는 사람이 되고 싶다.

하지만 잘 되지 않는다. 이유는 간단하다. 시간이 없다고 느끼기 때문이다. 과연 핑계일까? 하루 중에서 쓸데없는 일들로 의미 없이 지나가는 시간들이 있다. 자투리 시간.

물론 일하는 중간에 잠시 쉬는 시간은 결코 버려지는 시간이 아니다. 다음 일을 하기 위한 정말 필요한 쉬는 시간이다. 하지만 쉬는 시간에도 여러 종류가 있다. 내가 의도해서 정해진 시간만큼 쉬는지, 아니면 여러 사람들에 둘러싸여 나도 모르게 보내버린 시간들이 얼마나 되는지 생각해볼 필요가 있다.

아침 출근하는 시간 10분, 퇴근하는 버스나 지하철에서 10분,

운전하는 사람은 도착해서 미리 10분 책읽기를 하고 다음으로 넘어가는 건 어떨까?

자기 전에 한 단락 읽고 자는 걸 조금씩 자주 실천해보자.

일주일에 한 권 목표로 실천해보자. 매주 하기보다는 한 달에 2권. 책을 읽어야 더 나은 생각을 하게 된다.

헬스장을 다니기로 결심했다.

무조건 운동하는 시간과 기간, 그리고 친구를 만들자. 시간 나는 대로 혼자 할 수도 있다. 하지만 오래 가기는 힘들고 안 가도 떠밀어줄 사람 없다. 시간과 기간을 정하지 않으면 내 마음대로 적당히 하다가 바쁘면 끝나게 된다. 혼자 하는 게 편하다고? 그건 운동이 그렇게 중요하지 않은 사람의 이야기일 뿐이다.

반드시 헬스장을 다니면서 운동을 나의 루틴으로 만들겠다는 사람은 나를 믿지 말고 친구를 믿어보자. 그리고 정해진 시간에 운동하자. 정말 친구로 만들 만한 사람이 없으면 과장이라도 사귀어두자. 운동하는 기간을 정하고 목표를 정하자. 단기간에 작은 목표를 이루어야 다음 목표를 쉽게 설정할 수 있다. '언젠가 되겠지!' 하는 생각은 목표가 없는 것과 같다.

돈을 들여서 개인 PT를 하면 좋겠지만 그것도 부담스럽다면 운동 친구를 만들어 무조건 팀으로 묶어보자.

서로 감시하자. 운동 후에 한잔하고 먹으러 다니는 친구는 도움이 안 되는 친구다. 끝까지 살아남게 도와주는 친구가 진정한 친구 아닌가.

그리고 조금씩 공부하자. 기분은 하루만에도 달라진다. 사진으로 남기자. 운동하는 모습을.

뭔가에 열심히 빠져 있는 모습은 누구라도 아름답다. 운동하는 자신을 칭찬하고 격려해주자. 땀 냄새를 사랑해야 한다. 몸이 변할수록 나 자신도 점점 성공에 가까이 가고 있음을 상기하자. 운동으로 달라지는 몸은 그만큼 내가 발전하고 있는 증거이다.

다이어트, 담배, 독서, 그리고 운동은 처음에는 잘 하다가 실패한다. 작심 하루일 수도 있고 작심 일주일일 수도 있다. 핑계를 찾지 말아야 한다. 비가 와서 안 하고, 피곤해서 안 하고, 기분이 안 좋아서 안 하고……. 하지 않는 이유만 들이댄다.

물론 안 해도 살아갈 수 있다. 하지만 언제까지 아이처럼 핑계 대고 빠져나갈 구실만 찾을 것인가? 누구 인생인데? 어떻게 태어난 인생인데 스스로 한 작은 결심마저 실천하지 못한단 말인가? 회사를 말아먹는 것도 아니고, 부채가 늘어나는 것도 아니고, 조금만 더 움직이면 내가 행복해지고 내일 나의 모습이 더 아름다워지는데 왜 망설이는지 모르겠다.

너무 예민해지지 말자. 둔해지자. 원래 인간이 간사하지 않은가?

예민한 자신에게 둔해지자. 둔해지는 힘을 키우자. 둔감력!
그러나 무조건 한다!!!

루틴을 위한
시간관리

운동을 해본 사람은 알 것이다. 특히 어려운 운동으로 예를 들면 테니스, 골프 같은 것이다. 그럼 다른 운동은 쉬운가요? 이렇게 쌍심지를 켜고 나에게 달려들 사람들이 있을지도 모르겠지만 운동을 해보면 실력을 한단계 올린다는 것이 얼마나 어려운 일인지 경험해본 사람은 알 것이다.

가끔 올림픽 출전 선수들의 운동하는 모습을 보면 세계 정상을 향한 노력이 어느 정도인지 보통 사람들로는 생각하기 힘들 정도이다.

물론 그 사람들은 세계 정상권을 향하는 선수들이고 1등을 목표로 하는 선수들이지만 여기서 말하는 운동의 수준은 순수 아마추어 사람들도 실력을 올린다는 것이 어렵다고 말하는 것이다.

테니스의 동작을 보면 서비스의 동작도 가지가지이고, 포핸드,

백핸드, 게다가 슬라이스까지. 또 발리는 어떤가?

배드민턴에서 사용하는 셔틀콕은 깃털이 시계방향으로 가지런히 줄을 이루고 있다. 그래서 오른손잡이에게 조금 불리하게 날아간다고 코치에게 들은 기억이 있다. 그래서 왼손잡이가 더 유리하다는…….

셔틀콕은 순간 속도는 아주 빠르지만 눈에 보일 정도로 속도가 느려지는 것을 알 수 있다.

하지만 테니스 공은 무거운 데다가 상대방이 아주 세게 친 볼은 스핀을 가지고 더 빠르게 나를 향해 오고 있다. 그것도 달려가서 자리를 잡고 다시 내가 원하는 방향으로 쳐야 가능한 운동이다.

그러니 운동을 하는 사람마다 각각의 개성이 드러나는 폼과 자세를 가지고 운동을 하는 것이 어떻게 보면 당연하다고 할 수 있겠다.

어느 운동은 더 쉽고 어느 운동이 더 어렵고를 논하자는 것은 아니다. 어려운 운동일수록 더 많은 연습이 필요하다는 말을 하고 싶은 것이다. 그러면 어떤 훈련과 연습이 효과적일까?

2008년 베이징 하계 올림픽 수영에서 가장 많은 금메달을 딴 선수가 마이클 펠프스 선수다. 올림픽 역사상 단일 종목 개인 최다인 8개를 수확한 것이다.

참여한 올림픽에서 획득한 금메달 수만 총 18개가 되고 색깔이 다른 메달까지 합친다면 모두 22개의 메달이라고 하니 개인 성적으로서는 대단한 선수라고 생각할 만하다.

베이징 올림픽에서 그의 코치는 펠프스에게 잠자리에 누워서도 마음을 실제 경기에 임하는 자세를 가지라고 지시했다고 한다. 코치의 지시에 따라, 그는 출발대에 올라 준비 자세의 긴장감, 총소리에 맞추어 출발하는 찰나의 순간, 몸이 물에 닿았을 때의 느낌, 세차고 빠르게 물살을 가로지르는 모습, 벽을 짚고 반환점을 턴하는 과정 등 경기장에서 일어날 수 있는 모든 것들을 머릿속으로 생각했다고 한다. 단순히 스크린 위에서 이 모든 과정을 수행하는 자신의 모습을 지켜보는 것이 아니라 실제 수영장 안에서 경기를 벌이는 자신의 모습을 이미지로 상상한 것이다.

펠프스는 실제 경기에 들어가기 전에도 이미지 트레이닝 훈련을 계속했는데, 한번은 올림픽 경기 당일 고글에 물이 들어가는 사고로 우승을 놓친 적도 있다고 한다. 하지만 그의 상상에는 이런 사고까지 준비되어 있었다. 실수에 따른 심적 부담까지 이미 준비한 선수로서 그는 올림픽 사상 가장 위대한 선수 중의 한 명이 된 것이다.

두뇌 재활 분야의 세계적인 권위자 이안 로버트슨은 자신의 책에서 두뇌는 상상으로 하는 것과 실제로 하는 것을 구분하지 못한다는 이론을 내놓았다. 그 이론에 따르면 펠프스의 뇌는 상상하는 모든 정보를 뇌 속에 가둬두지 않고 펠프스의 근육으로도 보낸 것이다. 펠프스의 뇌가 만들어낸 생생한 훈련 과정은 올림픽 역사를 새롭게 쓸 만큼 충분한 것이었다. 사실상 펠프스의 뇌와 몸이 쉴 새 없이 경기를 연습한 것이나 다름없었던 것이다.

오감을 이용해 어떤 일을 하고 있는 모습을 몇 분간 상상하는 것만으로도 두뇌의 화학적 조성은 변한다고 한다. 뇌는 세포와 세포의 연결망을 새롭게 구성해 복잡한 운동 능력이나 언어적인 기술까지 창조해 낸다. 충분한 연습이 뒤따르면 새로운 패턴이 만들어지는 것이다.

다시 우리 일상으로 돌아와 보자.

특히 운동을 처음으로 시작하는 사람은 그 분야의 대표적인 선수의 몸동작이나 자세를 자세히 살펴볼 필요가 있다. 그리고 머릿속으로 그 선수와 나의 몸을 일치시키는 작업을 계속해야 한다.

가령 테니스를 하는 사람이라면 내 머릿속에 나만의 '페더러' 한 명은 있어야 하고, 배드민턴을 하는 사람이라면 내 안의 '이용대'를 한 명은 키우고 있어야 한다. 골프를 하는 사람이라면 '타이거 우즈'의 몸에 나의 얼굴을 가져다 붙여서 실제로 내가 운동을 멋있게 하는 모습을 상상하는 버릇을 가져야 한다.

좀 더 실제적인 예를 들어보자.

내가 운동하던 테니스 동호회 클럽에는 전국대회 우승자가 여럿 있었다. 그들의 자세는 국가대표만큼은 아니지만 일반 동호회 사람들이 충분히 모방할 만큼 좋은 자세를 가지고 있었다.

그 사람들의 자세 또한 세계적인 선수의 폼을 흉내 내거나 자기만의 자세로 다듬어진 것이기 때문에 동작 하나하나에는 그만한 이유와 충분한 훈련이 곁들여진 것이다.

모방하고자 하는 사람이 바로 가까이 있기 때문에 훨씬 따라 하기가 수월하고 동작을 머릿속으로 상상하기에도 훨씬 더 가까이 느껴진다. 그리고 잘 안 되는 부분이나 모르는 부분은 직접 물어볼 수도 있으니 사실 개인 코치를 옆에 두고 운동하는 것과 같은 효과를 낼 수 있는 것이다. 나도 가까이에서 모방하고 물어보면서 그 선수의 감각을 찾아보기 위해서 부지런히 따라하고 물어보던 시간이 있었다. 하지만 이러한 사실을 아는 사람은 그리 많지 않다. 아니면 하다가 대부분 포기하거나 나만의 자세나 동작, 공에 대한 감을 잡아가면서 점점 자기만의 자세로 익어가는 것이다.

좀 더 솔직히 말하면 늘 세계 최고를 따라하면서 안 되는 부분 때문에 스트레스 받는 것보다는 나만의 감각을 찾아가면서 운동에 대한 재미도 느낀다. 그리고 즐거운 시간을 보내고 행복을 느끼면 그만이다. 우리가 운동을 하는 이유가 바로 그것이기도 하니 너무 스트레스 받는 것보다는 적당히 즐기는 것도 좋은 방법이다.

하지만 더 나은 실력을 가지고 싶다면 끊임없이 연구하고 노력해야 하지 않을까?

개개인의 목표가 다르기 때문일지도 모른다. 목표를 작게 잡고 동호회에서 어울릴 정도의 수준을 원하는 사람은 한두 가지만 잘 해도 스스로 만족하면서 즐겁게 운동하는 대신 목표가 전국대회 우승을 원하는 사람은 기본자세나 운동량이 다른 사람과는 확연히 다를 것임은 틀림없는 사실이다.

여기에 머릿속으로 상상하는 이미지 트레이닝은 실력 있는 사람들에게는 이미 익숙한 훈련이다. 빈 막대기를 들고서 마치 라켓인 것처럼 허공을 휘두르고 다닌다거나 손에 아무것도 없이 손바닥이 라켓의 면인 것처럼 하고 자세를 가다듬어본 사람은 이미 사용하고 있는 경우이다. 테니스에서 발리 연습은 손바닥으로 날아오는 공을 잡는 것부터 시작하지 않는가? 배드민턴도, 골프도, 그리고 그 외의 모든 운동을. 펠프스의 경우처럼 정말 많은 도움이 될 것이다.

하지만 이런 설명을 다른 사람들에게 전달하려 해도 들을 준비가 되어 있지 않은 사람에게는 '소 귀에 경 읽기'더라. 이렇게 좋은 방법이 있는데, 이렇게 좋은 소식이 있는데, 이렇게만 하면 정말 빠르게 나아지는데도 생각보다 사람들은 변하지 않는다는 것을 느꼈다. 정말 우리 뇌는 변하기를 싫어하나보다.

새로운 시작을 위해서는 새로운 상상이 필요하다.
즐거운 상상을 해보자.

chapter 4

루틴력으로
인생의 판을
바꿔라

나에게 맞는 루틴은
따로 있다

사람마다 좋아하는 색깔은 다르다.

남녀가 좋아하는 색깔이 다르고 어른과 아이가 좋아하는 색깔이 다르다.

루틴도 마찬가지이다. 나와 잘 맞는 루틴이 있고 아무리 노력해도 나에게 잘 맞지 않는 루틴도 있다. 잘 하고 싶다고 마음먹은 대로 잘되는 것은 아니다. 내 생각대로 루틴이 내 몸에 착착 감기는 것은 아니라는 말이다.

예를 들면 손끝이 야무진 사람이 있다. 손으로 하는 일을 잘 하는 사람이다. 칼질을 잘 해서 과일을 잘 깎거나, 청소도 야무지게 깔끔하게 잘 한다. 글씨도 이쁘게 잘 쓰고 이 사람 손이 닿으면 뭔가가 달라진다. 이런 사람은 손으로 하는 루틴이 잘 맞는다. 남들보다 익히는 속도도 훨씬 빠르다.

반대로 손이 야물지 않는 사람도 있다. 작고 섬세한 작업을 오래

하지 못하고, 마음먹은 대로 손이 말을 잘 듣지 않는 사람이 있다. 손이 야무진 사람과 반대로 과일을 아주 두껍게 깎거나 일을 해도 뭔가 엉성하게 하는 사람도 있다. 일부러 그러는 건 아니다. 잘 안 되는 분야일 뿐이다. 이런 사람에게는 손으로 하는 루틴보다는 머리로 하는 루틴을 추천한다. 기획력이 있어 일을 순조롭게 풀어가거나 남들이 생각하지 못하는 창의력을 발휘하여 일을 처리하는 능력을 가지고 있다.

디지털에 느린 사람

요즘 컴퓨터는 정말 빠르다. 색감이나 디자인도 너무 이쁘고 용량은 내가 생각하는 것 이상으로 빠르게 발전한다. 나의 생각대로 2배, 4배, 8배가 아니라 2배에서 8배로 퀀텀의 속도로 발전한다. 하지만 나의 생각은 4배에 머물러 있는 것 같다.

가끔 "내가 너무 옛날 사람인가?" 하고 스스로 자문하지만 그런다고 한들 이제야 사람이 바뀌겠는가?

'디지털 네이티브가 아니라서 그런가?' 그렇다고 다시 엄마 뱃속으로 들어갈 수도 없다. 이번 생은 어쩔 수 없다. 이대로 살아갈 것이다. 그래서 나도 답답할 때가 많다. 그렇다고 디지털을 마스터하려고 노력하지 않는다. 이 디지털이 나랑은 거리가 멀어 보인다.

이런 나는 사람의 손으로 이루어지는 것을 좋아한다. 장인의 손길이 닿은 물건을 사랑한다. 사람이 정성스럽게 만든 방자유기를 좋아하고, 옷칠을 여러 번 한 수제품을 좋아한다. 사람의 손길을 타고 가마에서 하루 종일 구워진 도자기를 보면 발이 떨어지질 않는다. 이러니 컴퓨터처럼 빨리 처리되고 만들어지고 후룩후룩 일 처리가 빠르게 되면 나는 천천히 다시 봐야 한다. 남들이 보면 속이 터질지도 모르겠다. 나랑 디지털은 안 맞나 보다. 그게 결론이었다.

하지만 결혼 후에 내가 잘하는 것을 하나 찾은 것이 있다. 바로 육아(育兒). 결혼을 하면 남자라면 다 그렇지만 자기만의 시간을 보내기보다는 아내와 같이 밥을 먹고, 산책을 하고, 항상 둘이 다녀야 한다. 쇼핑을 하고 술을 한잔 마셔도 같이 마시기를 좋아했다. 나의 아내는.

그래서 나는 늘 혼자 있는 시간을 꿈꾸고 틈만 나면 혼자서 운동을 하고 친구를 만나러 약속을 잡고 그랬던 것 같다. 그러다가 아이가 나왔다. 사실 나오기 전부터 신기했다. 아이가 뱃속에서 발을 차고 꿀렁꿀렁 옮겨 다니는 것도 신기했고, 엄마를 엄청나게 먹게 만드는 것도 신기할 뿐이었다.

막상 처음에 나왔을 때는 '저 아이가 나의 아이란 말인가?' 싶을 정도로 무덤덤했지만, 출산 후에 퇴원까지 시간만 되면 엄마 품으로 오는 아이가 누구 아이인지 구분하기도 힘들었지만 한 달이 지나고 두 달이 지나고 아이가 살짝 미소 지으며 웃는데…… 이게 장난이 아닌 것이다.

"나도 내 새끼가 있다. 우리 집에 새로운 아이가 탄생했다."

동네방네 소리치고 싶을 정도로 기쁘고 좋았다.

작고 귀엽고 무겁지 않으니 늘 안고 싶었다. 신생아는 얼마나 작은가! 발가락도 너무 작아서 모든 것들이 신기했으니, 기저귀가 너무 커 버거울 정도니, 사람이 이렇게 자라는구나 하는 생각, 그리고 이 아이를 잘 돌봐야겠다는 생각들⋯⋯.

아이를 잘 안아서 씻기고, 닦고, 보이지 않을 정도이지만 잘 자라는 손톱까지, 하나하나가 새롭고 신기하고 기쁨의 나날들이었다. 그래서 힘들지 않았던 모양이다.

밤에 자다가 2시간마다 울어대면 옆에서도 벌떡 일어나 우유를 챙기고, 다시 안아주고 트림을 시켜 재우고, 그러길 두세 번. 나도 힘들고 지칠 만도 했건만 새벽같이 일어나서 밤새 먹은 젖병 끓는 물에 소독하고 말리고.

이동할 때는 자동차 뒷좌석에 카시트를 단단히 채우고, 잠시 후에 잠에 빠져든 아이 얼굴을 보며 운전하고 있는 나를 스스로 자랑스러워했었다. 아이 키우는 것이 너무 재미있었다.

너무 앞서나간 생각이지만, 나는 반드시 손자를 내 손으로 키우고 싶다.

디지털에는 약하지만 육아는 강하다.

사람마다 차이가 있다. 인정한다. 그래서 내가 디지털에 약해도 나를 자책하거나 쓸모없는 이라고 여기지 않는다. 다만 가끔 부끄러울 때도 있지만 아직은 참을 만하다.

대신 주말에 아이들이랑 놀아주고 아이들의 웃음소리를 자주 듣는 것이 행복이라고 스스로 여기며 하루하루 잘 지내고 있다. 그것이 나의 가정에서의 루틴이다.

아이가 색종이를 접어달라고 하면 정확하게 하나하나 정성들여 접어주면 아이는 행복한 얼굴로, 미소로 보답한다. 낮에 일하는 동안 아이와 떨어져 있었으니 저녁에는 그리고 가능한 시간은 충분히 부대끼고 살을 맞대며 아이의 정서를 채워주려고 노력하고 있다.

그래서 아빠가 오는 차 소리만 들어도 큰 소리로 "아빠~!!!" 하는 내 아이의 소리가 하루의 피로를 녹인다. 루틴이 작동하게 하는 신호탄이다.

나에게 어려운 루틴을 만들려고 하지 말자.

정말 해야 한다면 내가 잘하는 것부터 찾아서 차근차근 하나씩 시작하자. 내가 잘 하는 부분부터 해야 자신감이 생긴다. 그래야 덩어리가 커진다. 처음부터 기죽어가며 자라는 루틴은 곧 사라지게 마련이다. 사라질 때까지 오래 걸리지 않는다. 잘 하는 것을 더 발전시켜 나가자. 그게 빠른 길이다. 그리고 행복하다.

내가 루틴을 하는 이유는

나의 행복한 삶을 위함이 아니던가?

나에게 맞는 루틴을 찾아서 그것만 집중공격하자.

Ctrl+C, Ctrl+V
(안 되면 따라하자)

2018년 1월. 테니스 선수 정현이 호주 오픈에서 노박 조코비치를 이기는 장면은 정말 우리나라 테니스 역사에서 길이 남을 장면이다. 2002년 월드컵에서 한국이 4강에 안착하는 일보다 더 어려운 일을 해냈다고 나는 생각한다.

그래서 한동안 한국에서 테니스 붐이 일어났다. 실제로 테니스 레슨자가 늘어나고 여기저기 테니스장을 찾는 동호인들이 늘어났다.

하지만 테니스라는 운동…… 쉽지 않다. 시작은 쉽게 누구나 할 수 있지만 테니스의 재미에 빠져 들기란 정말 어려운 운동 중의 하나다. 라켓도 무겁고 공도 무겁다. 그 무거운 공을 내가 원하는 곳으로 보내기란 정말 어렵다는 것을 해본 사람은 잘 알 것이다. 게다가 빠르게 나에게 날아오는 공을 말이다.

그래서 테니스는 레슨이 무엇보다 중요하고 더 중요한 것은 나를 이끌어 주는 멘토가 있으면 더 좋다. 같이 스트로크를 쳐주고 공을 던져주고 같이 발리를 하면서 충고까지 곁들여 해줄 수 있는 좋은 파트너. 그러면 나도 잘 할 수 있겠다고? 그래서 거의 없다고 봐야 한다. 그래서 일이 년 안에 그만두기가 쉽다.

레슨을 받아도 잘 되지 않는다. 코치는 한두 번의 자세만 알려주고 공만 던져준다. 20분 내내 날아오는 공을 치기는 하지만 땀도 무지하게 나고 다리도 후들거리지만 공에 대한 감각은 글쎄다. 그래서 시간이 오래 걸리고 하는 동안 무얼 하는지도 모르고 지나치기 일쑤다. 그나마 승부욕이 있는 사람이라면, 남들에게 지고 못사는 사람이라면 죽으라고 도전한다.

그게 어쩌면 살아남는 길인지도 모른다.

혹시 여러분 중에도 테니스를 중간에 그만 둔 분이 계신가요?

자 이제 다시 시작해보자.

우선 멘토를 정하자. 페데러로 하건 조코비치, 나달을 하건 아니면 우리 동네 코치 선생님도 좋은 모델은 될 것이다.

그리고 동영상을 찍어보자. 초보니까 포핸드만. 백핸드를 잘 하고 싶다면 백핸드, 발리면 발리만. 우선 정복하고 싶은 자세만 부분 사진이나 동영상을 찍어두자.

그리고 부분 동작으로 따라해 보자. 어색하다. 그럴 수밖에. 사용하지 않는 근육을 사용하면 어색한 것은 물론이고 내일아침이면 아플지도 모른다. 아프다는 말은 내가 잘 하고 있다는 증거인데 그

걸 핑계로 못하겠다면 당신은 인생을 포기해야 할지도 모른다.

예를 들어 포핸드를 하나, 둘, 셋으로 동작을 나누어서 한다면 다시 하나를 셋으로 나누어 보자. 그러면 총 아홉으로 나누어진다. 그 동작을 천천히 반복해 보자. 슬로우비디오로 당신이 생각하는 것보다 더 천천히 해야 한다. 정말 이래도 되나 싶을 정도로 천천히.

최소 100번만 그렇게 해보자. 그리고 속도를 조금씩 아주 조금씩 올려보자.

운동은 폼생폼사다. 폼이 전부고 폼이 실력이다. 멘토의 자세를 머리에 그려두고 나의 자세를 점검하자. 단 라켓만 점검해서는 안 된다. 발의 모양부터 무릎, 다리 자세, 그리고 상체, 어깨와 팔 동작, 더 중요한 시선처리까지. 아주 완벽한 그림을 그리고 그대로 따라해 보자.

잘 한다고 하지만 사실 내 폼을 객관적으로 관찰하기가 쉽지 않다. 누군가가 옆에서 충고해준다면 더 좋다. 듣기 싫겠지만 좋은 약은 입에 쓰다. 충고해 줄 만한 사람이 없다면 레슨할 때에 코치에게 물어보면 된다.

몸에 힘을 빼고 자세가 좋아진다면 당신은 정말 테니스를 즐길 준비가 된 사람이다. 그리고 발전 가능성이 정말 훌륭한 사람이다. 공을 치는 것은 그 다음이다.

레슨을 받다보면 자세보다 발사되는 공을 신경쓰게 된다. 공만

좋으면 기분이 좋고 내가 마치 선수가 된 것 같은 기분을 느낄 것이다. 하지만 그건 한 순간이다. 그 공이 전부가 아닌 것이다. 그 공은 그냥 우연히 한번 잘 맞은 것뿐이고 그 이상도 이하도 아니다. 내가 일부러 그 공을 치지 않았다면. 그 공을 위해 다시 재현하고 싶겠지만 그 공을 재현할수록 당신의 자세는 무너질 것이고 게임은 엉망으로 흐트러질 것이다.

서두르지 말고 천천히 하나씩 완성하자.

Ctrl+C

아는 만큼 보인다. 실력만큼 보인다. 볼 때마다 보이는 부분이 다르다. 괜찮다. 그게 정상이다. 하지만 내일 보이는 부분은 달라질 것이다. 그게 발전이고 성장이다. 하찮은 작은 동작이 결정적인 열쇠가 될 때도 있고, 내가 정말 중요하다고 생각했던 부분이 정말 큰 의미없은 동작일 수도 있다. 하지만 개의치 말자. 과정이 중요하지만 작은 거에 너무 실망하거나 너무 큰 기대는 스스로를 다치게 할 뿐이다. 지나가는 과정이니 겸손하게 받아들이면 그만이다.

위대한 일을 복사하는 일은 가슴이 뛰고 긴장되는 순간이다. 마치 비밀문서를 혼자 보는 것처럼.

Ctrl+V

복사가 잘 되었다면 나에게 붙여보자. 거울을 보고 연습하는 것은 좋은 훈련방법이다.

처음부터 큰 욕심 부리지 말고 하나만 잘 따라하자. 라켓의 모양, 각도, 그립의 위치 등. 하나가 충분히 잘 된다면 다음 동작까지. 하지만 혼자만의 착각일 수도 있다. 주변 사람에게 점검을 해보자. 매일 매일 보이는 부분들이, 느껴지는 동작이, 눈에 보이는 것들이 나아질 것이다. 분명하다. 속도는 느릴 수 있다. 느릴 것이 분명한데 욕심이 너무 앞서면 나쁜 자세가 먼저 자리를 잡는다. 그 동안의 노력이 헛수고로 돌아갈 수 있다. 과정을 즐기자. 멋진 결과가 기다리고 있을 것이다.

포핸드, 백핸드, 발리 스매싱, 서비스까지 그리고 게임.

어렵기 때문에 성취감은 배가 되고 자기만의 노력으로 얻은 결과는 눈물 나도록 감동적이다.

자세, 동작, 시간을 건너뛰고 바로 게임에 들어갈 수도 있지만 그 후회는 평생 간다. 그리고 실력은 딱 초보에서 스톱이다.

당신도 멋진 에이스를 넣을 수 있다.

맞춤 루틴

테니스 레슨을 하게 되면 코치는 배우는 사람의 수준을 고려해서 레슨 수준을 결정한다.

완전 초보라면 기본자세부터 라켓의 명칭이나 라켓 고르는 법부터 자세히 가르치겠지만 배운 지 오래된 사람이라면 기본기는 생략하고, 그 사람이 잘 되지 않는 부분을 보완하는 형태의 수업으로 레슨의 방향을 결정한다. 또는 레슨자의 요구 사항을 들어서 함께 배워가는 시간을 가질 것이다.

헬스장의 PT(Personal Training)의 경우도 마찬가지이다. 초보자는 운동기구의 설명부터 어떻게 운동하는지, 어떤 운동으로 어떤 부위의 근육이 발달하는지 등의 운동의 기본적인 안내를 할 것이고 평소에 운동 좀 하던 사람이라면 좀 더 큰 근육의 강화를 위해 그 사람에게 맞는 맞춤 운동 형식을 안내할 것이다.

루틴도 마찬가지다. 아침을 일찍 시작하기 위해 5시에 일어나는 모닝루틴을 원하는 사람이 새벽 3시부터 일어나서 5시가 되기를 기다릴 필요는 없다. 모닝루틴 때문에 하루가 망가질 수 있다.

평소에 8시에도 일어나기 힘든 사람이라면 내일은 7시 30분에 일어나기를 며칠, 그러다가 익숙해지면 다시 7시로 당긴다거나, 저녁에 잠자리에 드는 시간을 당겨서 아침에 일찍 일어나는 루틴으로 만들어 가야 한다. 차근차근 준비를 거쳐서 만들어 가야 한다.

같은 직장에 연 부장은 전형적인 아침형 인간이다.

하루 종일 직장에서 이리저리 다니며 일하다 보면 남는 체력은 제로다. 집에 겨우 도착해서 씻고 나면 밥 먹을 힘도 없다. 가까스로 밥을 먹고 잠시 쉬자고 소파에 앉으면 그대로 잠들어 버리는 경우가 대부분이라고 한다. 그래서 저녁 9시가 취침시간이다.

이렇게 일찍 잠을 자니 아침에 일어나는 시간은 새벽시간이다. 늦어도 5시 전에는 일어나고 일찍 일어나는 날에는 새벽 3시에 하루를 시작하기도 한다.

독서를 하기도 하고 명상을 하기도 하고 위대한 아침 식사를 위해서 새벽부터 김밥을 말기도 한다. 운동하는 날에는 아침 6시 첫 수업을 듣는다고 한다. 요즘에는 도시락을 지참해서 여러 가지 반찬 만드는 재미에 빠져 있다.

새벽에 일어나서 일할 때는 기분이 정말 좋다고 자랑을 했다. 집중도 잘 되고 일도 술술 풀린다는 것이다. 하루 종일 일하고 오후에 남아서 늦게까지 일하는 게 도저히 몸에 맞지 않는다는 것이다. 차라리 일을 집에 싸들고 가서 일찍 자고 일어나 새벽에 맑은 정신으로 일을 처리하는 것이 자기는 몸에 맞다는 것이다.

"부장님은 도대체 아침을 몇 시에 드세요? 3시에 일어나면 5시에는 아침 먹어야 하고 점심까지는 너무 멀지 않아요?"

"3시에 일어나서 4시 반에 아침을 먹어요. 그래서 다시 오전 8시 정도에 간편식을 한 번 더 먹어요. 점심까지는 너무 배가 고파서 못 견뎌요. 또 주전부리를 가지고 다녀요."

"하루 세 끼가 아니라 하루 네 끼네요. 하하하."

이렇게 농담을 주고받았지만 직장에서 일하는 것을 보면 체력이 없다는 말이 실감나지 않을 만큼 잘 버티고 일도 잘 해내고 있다.

나는 저녁에 일을 마무리 하고 잠을 편한 마음으로 자고 싶은데 그 부장님은 저녁보다는 아침에 더 익숙하고 수월하다니……. '사람마다 다르구나'라는 생각이 들었다.

하지만 반대로 저녁이 되어야 살아나는 사람도 있다. 아침에는 눈이 풀릴 정도로 해롱해롱하다가 오후 시간이 되면 점점 더 살아나는 사람. 바로 같은 직장의 골드미스 일명 진 여사. 나이는 30을 넘어선 지 오래 되었지만 아직은 골드미스다. 그래서 다른 아줌마와는 분위기부터 다르다. 늘 미장원을 다녀온 듯한 머릿결에 화장도 완벽하다.

혼자라서 그런지 몸 관리에 철저히 신경을 쓰는 편이다. 운동도 하고 문화생활도 빠지지 않고 하는 편이다. 책도 많이 읽고, 남자 친구들과 온라인 게임도 즐겨한다고 들었다.

늘 한손에는 테이크아웃 커피가 들려 있다. 아침마다 커피를 마시지 않으면 하루를 시작하기 힘들다고 한다. 잠을 깨기 위해서라도 커피를 마셔야 한다는 이야기를 자주 한다.

진 여사는 저녁형 인간이다. 일단 잠을 자는 시간이 새벽이다. 할 일이 없으면 스마트폰으로 드라마라도 본다. 그렇게 시간을 보내고 새벽에야 겨우 잠자리에 든다고 했다. 물론 더 잠을 안 잘 수 있지만 직장 때문에 어쩔 수 없이 새벽 3시를 넘기지 않으려고 애쓰고 있다는 말도 들었다.

"그럼, 저녁 시간에 뭐해요?"

"저녁시간요? 운동하고, 친구 만나서 수다 떨고, 술 마시기도 하고, 그리고 집에 오면 청소하고, 쉬다가 새벽까지 책 보다가, 드라마도 보고, 이것저것 할 일이 얼마나 많은데요. 밀린 인스타그램도 하고, 트윗도 해야 하고 등등. 잠잘 시간이 부족할 정도예요. 가끔 인터넷으로 남자애들하고 게임하다보면 정말 시간가는 줄 몰라요. 얼마나 재미있는데요."

'이러니 잠을 안 자지. 잠을 잘 수가 없네.'

저녁이면 더 눈이 말똥말똥해진다는 것이다. 저녁형 인간이라 대신 아침에는 정말 정신이 혼미하다는 말도 했다. 아침에는 일도 하기 싫고, 눈도 잘 안 떠져 게슴츠레하게 있기도 하고, 버스를 타고 이동하는 날에는 어김없이 한숨 자고 있는 사람 중의 한 사람이다.

사람이 같지는 않다. 아침형 인간이든, 저녁형 인간이든, 누가 옳고 그르다는 평가를 내릴 수 없다. 다만 그 사람에게 맞는 루틴을 적용하면 되는 것이다.

저녁형 인간에게 아침에 일찍 일어나는 루틴을 적용한다는 것은 오히려 독이 될 수 있고, 저녁에 일찍 자야 하는 아침형 인간에게 저녁 늦게까지 하는 독서모임을 하자고 하는 것도 실례다. 그 사람에게 맞는, 그 사람이 좋아할 만한 루틴을 발견하거나 개발하는 것이 성공으로 한걸음 더 다가서는 일일 것이다.

시간에 구애받지 않는 루틴이라면 자기가 좋아하는 시간에 루틴을 실천하면 된다.

캘리그라피 글씨쓰기 연습을 저녁에 하거나 아침에 한다고 달라질 것이 있겠는가?

물론 정해진 시간에 마감을 해야 하는 일이라면 달라질 수 있겠지만 일정한 시간만 필요한 루틴이라면 상관없을 것이다.

나는 어떤 인간형인가? 나에게 맞는 루틴은 무엇이 있을까?
나에게 맞는 루틴을 찾아보자.

루틴의
wants or needs

    루틴에는 두 가지가 있다. 해야 하는 루틴과 하고 싶은 루틴.

    해야 하는 루틴에는 하루 일상이나 일주일 혹은 한 달에 한 번씩이라도 살아가면서 하지 않으면 안 되는 루틴들이다. 예를 들면 하루 삼시세끼를 먹는 것, 밥 먹고 양치하는 것, 외출 후에 손 씻고 세수하는 것 등 하루 루틴이 있고, 장보는 것, 세차하는 것 등 매주 정해진 요일이나 주말에 하는 루틴이 있다. 그리고 한 달에 한 번씩 하는 정기모임이나 여행 등 더 간헐적인 루틴도 있다. 해야 하는 루틴은 아마도 이 세상을 사는 동안 꼭 실천하면서 살아야 한다. 자의건 타의건 상관없이 해야만 하는 루틴.

    반대로 하고 싶은 루틴도 있다. 각종 여가활동, 문화생활, 취미생활 등 우리 목숨과는 직접적인 관련은 없지만 사람으로서 하고 싶은 기본적인 욕구들이 있다. 이러한 욕구들은 실천을 위한 루틴을 원하고 있다. 현재 실천하고 있는 사람도 있고, 늘 마음속에 간

직한 채 현재를 살아가기도 한다.

해야 하는 루틴 중에서 현재 잘 되지 않는 루틴은 무엇인가?

그리고 하고 싶은 루틴 중에서 잘 되지 않는 루틴은 무엇인가?

현대인에게 육아는 과연 어떤 존재일까? 아이를 낳는 여자에게는, 그리고 아이를 낳게 한 남자에게는 어떤 의미일까? 조선시대였으면 당연히 엄마가 아이를 먹이고 재우고, 보살피며 성장할 때까지 돌봄에 소홀히 하지 않았을 것이다. 아빠는 아이의 교육이나 남자로서 갖추어야 할 덕목 등을 가르치며 역할분담을 했을 것이다.

하지만 현대인들에게 육아는 어떻게 받아들여야 할까? 맞벌이 부모에게 육아란 과연 어떤 의미일까?

결혼 자체가 가지는 힘듦이 있다. 분가를 하고 살림을 하고 집안 살림을 두 사람이 나누어서 해야 한다. 당연히 직장생활도 하고, 그러다 보면 몸이 피곤하고 힘들어질 때는 서로에게 짜증을 내고 싸움 직전까지 이르기도 한다. 청소는 미루게 되고 설거지는 쌓이고, 빨래는 산더미 같다. 결혼생활의 루틴에 실패한 경우다.

결혼 초기에 루틴을 잘 잡아야 한다. 맞벌이 부부라면 각자의 할 일을 정하고 미루어서는 안 된다. 귀찮고 힘들어도 해내야 한다. 바쁘다고 핑계댈 수 없다. 대신해 줄 사람이 없다. 나머지 한 사람도 직장생활에 가정생활까지 힘든 건 매한가지다. 미루지 않는 것이 최선이다.

이런 상황에서 아이가 생기게 된다면 어떻게 될까?

아이 낳은 엄마는 뼈마디가 안 쑤신 데가 없다. 골반은 물론이고 무릎에 손가락 마디까지 콕콕 쑤시고 회복이 느리다. 산후조리원도 잠시 후면 퇴원한다. 친정엄마라도 함께 계신다면 금상첨화지만 맡길 상황이 아니라면 오롯이 남편의 몫이 된다.

여기서 남편의 선택은 무엇일까? 새로운 식구를 끌어들일 것인가? 아니면 슈퍼대디로서 새롭게 태어날 것인가를 선택하는 것은 정말 어려운 결정일 것이다. 평생 해보지 않은 루틴을 만나야 한다. 손에 잘 맞지도 않는 아이를 매일 씻기고 입히고 재워야 하며 아이가 태어나면서 생기는 일이 한두 가지가 아니다. 직장을 그만두고 하는 일도 아닌데 일이 쌓인다면?

남에게 맡기면 돈이 들고 힘이 덜 든다는 장점은 있지만 정서상 좋지 않은 것은 분명하다. 그래서 아이를 함부로 낳거나 준비 없이 맞이해서는 안 되는 것이다. 철저한 준비와 합의하에 이루어져야 하며, 새로운 식구를 맞이할 마음의 각오 또한 어떠한 역경도 견딜 준비를 마쳐야 한다.

한 번도 해본 적이 없는 루틴을 만나서 해결해야 하는 것이다. 이는 선택이 아닌 필수다.

물론 하루에도 몇 번씩 100점짜리 행복이라는 것을 맛보게 된다. 아이가 주는 선물은 루틴을 견디게 하는 원동력이 된다. 결혼을 하고 만난 루틴은 준비운동에 불과했다. 아이가 생긴 후 본격적인 전투루틴은 시작된다. 반드시 지나야 하는 루틴이다.

육아가 해야 하는 루틴의 초강수라면 하고 싶은 루틴의 강자는 무엇일까?

나는 '고수'라고 말하고 싶다. 어느 분야든 고수는 남다르다. 일주일의 루틴이 한 분야에 집중되어 있다. 일 년 내내 몰입이다. 건강한 체력은 필수라서 건강관리도 철저히 한다. 먹는 것도 조심한다. 오직 한 가지에 몰두한다. 운동이든 예술이든 거의 종교에 가까운 활동을 한다. 그래야 고수가 된다.

물론 아마추어 이야기다. 프로는 제외다. 아마추어의 고수는 루틴의 강자다. 절대강자다. 주변에 흔하지 않다. 그래서 고수는 드물다. 하루의 중심이고, 그 중심에 맞추어 하루가 움직인다. 일주일이나 한 달은 두 말할 필요가 없다.

온종일 매달리고 이야기도 온통 한 가지 이야기만 하고 생각도 한 가지만 한다.

논어에 "아는 자는 좋아하는 자만 못하고, 좋아하는 자는 즐거워하는 자만 못하다"는 말 중에 고수는 즐거워하는 자에 속한다. 시간 가는 줄 모르고 한 가지 세계에 빠져 지낸다.

지금 당신이 이런 생활을 하고 있다면 실력을 떠나서 일단 고수의 길에 든 것이다. 지금의 루틴을 강화하면 곧 고수가 되어 있을 것이다.

인생은 루틴의 연속이다. 해야 하는 루틴만 반복하는 사람도 있고 하고 싶은 루틴까지 성공적으로 잘 해내는 사람이 있다. 나는 어디 부류에 속하는가?

사실 해야 하는 루틴도 잘 하고, 하고 싶은 루틴도 잘 하는 고수는 흔치 않다. 그만큼 힘들다는 말이다. 시간도 부족하다. 하지만 노력하는 사람은 많다.

언젠가는 나도 고수가 되어 있지 않을까?

육아가 아무리 힘들어도 아이는 매일매일 크고 자란다. 아이가 어느 정도만 자라면 더 이상 손이 가지 않는 황홀한 시간이 기다리고 있다. 그때는 고수만 바라보며 직진하면 된다.

그렇게 바라던 성공이라는 정점이 눈에 보이기 시작하는 때이다.

그래서 지금의 루틴을 즐기자. 참고 견뎌보자.

루틴은 시간이 지나면 가치가 발견된다.
루틴은 나를 배신하지 않는다.
오늘의 루틴은 내일의 성공과 만족을 가져다준다.
하루 이틀 쌓인 루틴으로 인생이 달라질 것이다.

계속된
질문의 힘

무엇이든지 처음 시작하는 사람은 질문이 많다. 모르니까 모든 과정과 결과가 궁금한 것은 당연하다. 하지만 그 모든 질문에 답을 구하지 못할 수도 있다. 질문에도 단계가 있으며 수준이 있고 깊이가 있기 때문이다. 그래서 질문하기 전에 잠시 고민하고 질문하는 것도 중요하다.

질문과 동시에 바로 답이 나오는 질문이 있다. 1단계라고 하자.

단답형 질문도 있다. 길지 않지만 잠시 고민해서 답을 해 줄 수 있는 질문? 2단계라고 하자.

한참 설명을 해야 하는 질문이 있다. 십 분 이상을 설명할 수도 있고, 하루 종일 이 질문으로 대화를 이어 나갈 수도 있다. 3단계라고 하자.

당신은 어떤 질문을 자주 하고 있나요?

질문이라고 하는 것은 질문자가 문제 해결이 되지 않는 것을 질문한다고 생각한다.

간단하고 단순하지만 생각이 나지 않는 것을 질문할 수도 있고, 과정이나 방법을 몰라서 질문할 수도 있다. 그리고 추상적인 그 어떤 대상이 떠오르지 않아서 질문을 할 수도 있다.

예를 들면 서예를 처음 시작하는 사람이 있다고 하자

붓을 어떻게 잡나요? 1단계

글씨 쓰는 자세는 어떻게 해야 하나요? 1단계

연습하는 요령은 어떻게 되나요? 2단계

왜 이런 자세로 써야 하나요? 2단계

좋은 획이란 무엇일까요? 3단계

글씨를 어떻게 알아보나요? 3단계

글씨란 무엇일까요? 3단계

물론 질문의 단계나 질문의 수준, 그리고 단계는 모두 필자의 생각이다. 틀렸다고 할 수도 있고 틀려도 할 수 없다. 하지만 3단계의 질문들은 바로 답을 들을 수도 있지만 며칠이 걸릴지, 몇 달, 아니면 몇 년이 걸려도 그 답을 알아차리지 못할 수도 있다. 이해하지 못한다는 말이다. 그것이 함정이었다. 헤어날 수 없는 매력이었다.

바로 알아차리기도 어렵고 힘들었고, 알아도 이해하는 데도 오랜 시간이 필요했다.

1단계의 질문은 아주 간단하다.

초등학생 같은 질문이고 처음 하는 사람은 누구나 하는 질문이다. 요즘은 핸드폰으로 다 해결할 수도 있는 문제이다.

2단계의 질문은 약간의 설명이 필요하다.

시범이 필요할 수도 있다. 말로 끝내기에는 너무 간단하거나 이해하기 힘든 부분도 있을 것이다. 하지만 시범을 보면 바로 이해가 되는 질문이다.

2단계의 질문에 대한 답만 얻어도 그날 공부는 헛공부는 아닐 것이다. 왜냐하면 시범이 단순한 몸짓이 아니라 그 시범에는 3단계의 질문에 대한 답도 가끔은 포함하고 있기 때문이다. 그래서 2단계의 질문에 대한 고수의 답은 그리 간단하지가 않다. 질문자는 알아차리지 못하는 숨은 답을 이미 많이 알려주고 있는 것이다.

3단계의 질문은 진짜 공부다.

본질이고 그 행동을 하는 이유다. 사실 그게 다일지도 모른다. 글을 쓰는 사람은 왜 내가 글을 쓰고 있는지, 그림을 그리는 사람은 왜 내가 그림을 그리고 있는지, 운동을 하는 사람은 왜 내가 운동을 하고 있는지에 대한 본질적인 공부. 진짜 공부다.

그래서 "서예에서 좋은 획은 무엇인가요?"라는 질문에 대답을 하지 못하는 서예인들이 한둘이 아닐 것이다. 질문을 해보지 않은 사람들이거나 질문에 답을 생각해보지 않은 사람일 확률이 높다. 다행히 스스로든 스승에게든 답을 구한 사람에게는 박수를 보내고 싶다.

一微塵中含十方 (일미진중함시방)
한 티끌 속에 온 우주가 들어 있어

극과 극은 통한다고 한다. 3단계의 질문을 자주 하는 사람은 이 것과 저것이 통한다는 것을 알고 있다고 믿는다. 그래서 3단계의 질문을 자주 하는 사람은 늘 고민하고 연구하고 책을 보는 자세를 가진다. 항상 본질을 연구하기 때문이다.

자 이제 돌아보자.

나의 질문 단계는 어디인가?

늘 2단계에 머물러 있지는 않았나?

혹시 3단계 질문에서 생각하기를 그만두지 않았나?

3단계 질문에서 끝나는 것은 의미 없다. 스스로라도 작은 답을 찾았어야 한다.

그래야 소득이 있고 발전이 있다. 그래야 설명이 가능하고 논리가 서는 것이다.

질문의 수준을 높이고 답을 찾아보자.

그 답에 가까울수록 어쩌면 더 행복해질 수 있을 것이다.

무조건 이기는 루틴

내 편을 잘 만드는 사람이 있다. 사람이 사람을 끌어당긴다. 처음에는 확신이 없지만 나중에는 어느새 주변 사람이 내 편이 되어 있는 사람. 특별히 애를 쓰지 않아도 좋은 선물을 주지 않아도 잔잔히 젖어들게 하는 사람. 그런 능력이 없는 나로서는 그런 초능력 같은 힘을 지닌 사람이 늘 부러웠다.

반면에 무슨 일을 해도 욕을 먹는 사람도 있다. 하는 짓마다 욕을 먹는다. 숨 쉬며 조용히 살아있는 것만 봐도 화가 나고 부아가 치밀어 오르는 사람도 있다. 늘 이야기의 중심에 서서 온갖 욕을 다 받아먹는다. 면전에서는 아무 말하지 않지만 돌아서면, 눈에 보이지 않으면 바로 공격이 들어간다. 조용히 지나가도 무슨 꿍꿍이가 있을 것으로 예상하며 다시 흠을 보고 공격을 한다.

두 사람의 차이는 무엇일까?

한 사람은 뭘 받은 게 없어도 예뻐 보이고, 한 사람은 내 것 뺏어간 것 하나 없어도 무조건 싫다. 어떤 차이가 두 사람을 이렇게 만드는 것일까.

주변에 사람이 많은 사람의 특징은 배려다. 다 알고 있다. 하지만 몸과 마음 뼛속까지 실천하는 사람과 그렇지 않은 사람의 차이다. 속과 겉이 같아야 한다. 먼저 들어주고 먼저 양보하고, 진심으로.

하루 이틀이 아니다. 생활이다. 내 것이란 원래 없었다. 항상 나는 마지막이었다. 어쩌다 남으면 그때야 욕심을 부려본다. 그러니 그런 성격을 아는 주변 사람들이 항상 먼저 챙기려 한다. 그래서 늘 양보하는 모습만 보게 된다. 기분 좋게 웃으면서.

그리고 말이 없다. 이러쿵저러쿵 말이 많지 않다. 불만이 없는 사람으로 보인다. 작전이라면 기가 막히는 작전이다. 무조건 이긴다. 참는 것이 아니다. 진심을 다하는 모습이 보여야 한다. 그래야 움직인다.

늘 욕을 먹고 사람은 욕심 덩어리다. 혼자만 모르고 산다. 주변 사람은 다 안다. 심지어 어떤 말과 행동을 할지 어떤 생각을 하는지도 예상 가능하다. 그래서 주변 사람들이 방어부터 하려 한다. 무조건 지고 싶지 않다. 양보도 계산적이다. 치고 빠지는 것을 너무 잘한다. 하지만 이미 노출은 다 되었다. 결과는 뻔하다. 이러나저러나 잘했다는 소리보다 "무슨 이유가 있을 거야"라는 말이 최상이다. 항상 의심을 낳는다. 욕심을 버리지 못한다.

연애를 하는 두 남녀가 있다. 서로 사랑하는 사이이다.

좀 더 솔직히 말하면 남자가 여자를 더 사랑한다. 어떻게 그걸 아냐고? 싸울 때 보면 다르다. 항상 사과를 먼저 한다. 지는 싸움을 한다. 절대 이기려고 노력하지 않는다. 험한 말도 못한다. 할 줄 모르는 것이 아니라 차마 하지 못한다. 상대방이 상처 받을까 봐.

그러나 다른 사람에게는 두 눈 부릅뜨고 이기려고 한다. 욕도 찰지게 너무 잘한다. 그건 남에게 하는 말과 행동일 뿐, 사랑하는 사람에게는 큰 소리도, 험한 소리도 잔소리도 하지 않는다.

사랑은 사람을 위대하게 만드는 힘이 있다. 평소에 참지 못하는 것을 참게도 하고, 사람을 더 부지런하게 움직이기도 하고, 똑같은 사람인데도 한 사람을 위해 봉사하고 헌신할 마음의 준비를 하고 있다. 그래서 가끔은 힘들기도 하겠지만 상관없다. 그래도 괜찮으니까.

같이 있기만 해도 행복하고 웃기지도 않은 작은 개그에도 큰 소리로 웃어주고 미소만 지어도 사랑스럽다. 잘 먹는 모습만 봐도 더 퍼주고 싶고, 맛있어 하는 음식 찾아다니고 차에 탈 때도 문을 먼저 열어주고 비올 때 우산은 항상 그 사람 중심으로 쓰게 되고, 약속 시간에는 먼저 나가서 기다린다. 사실 기다리는 시간이 더 기분 좋은 시간이다.

왜 그럴까? 사랑하면 사람이 왜 그렇게 변할까?

금방 끝나버린다고? 다른 사람을 다시 만난다고?

그게 사랑일까 싶다. 깊게 아주 깊게 사랑을 해보라. 세상이 달라 보인다. 사랑은 나를 움직이게 한다.

  결혼생활 3년째 접어든 맞벌이 부부가 있다. 연애시절 그렇게
달달한 연애를 하더니 부부가 되고 늘 붙어 다닌다. 평일 저녁에는
바로 집으로 가지 않고 맛집이나 작은 단골 술집으로 찾아가 조용
히 저녁을 즐기고 함께 집으로 들어가는 일상이 정겹다. 일요일 아
침이면 실컷 늦잠을 자고 햄버거로 아침을 때우고 다시 찾아오는
잠을 한숨 더 자기도 한다. 그렇게 점저를 먹고 산책을 하고 평일
에 즐기지 못한 여유를 즐긴다.

  그러다 아이가 생겼다. 여자는 배가 불러 이동이 쉽지 않았다.
몸도 약한 데다 힘도 없어서 늘 같이 다녀야 했다. 만식일 때는 밤
중에도 화장실에 같이 가야 했다.

  '얼마나 힘들까?' 늘 그 생각뿐이었다. 그렇게 아이가 태어났다.
아이를 낳고 나니 그 아이는 와이프보다 더 이쁘다. 너무 작고, 귀
엽고, 오동통하고, 살아있는 인간이라는 사실이 놀랍다. 한동인 이
아이 때문에 몸은 더 바빠졌다.

  루틴은 행동이다. 움직여야 한다. 움직일 수 있는 힘을 가져야
한다. 트리거가 있어야 한다.
  나를 움직이게 하는 트리거, 사랑이다. 위대하고 진실한 사랑.
  주변 사람을 나의 사람으로 만드는 힘도 결국에는 사랑이다. 동

정하는 것이 아닌 진심이 전달되는 마음을 보이면 사람은 손을 내민다. 하지만 욕심으로 내밀어진 손은 사람들이 알아본다. 그래서 멀리하게 된다.

사람은 사람이 알아보게 되어 있다. 특히 순수한 어린 아이일수록 더 빨리 알아챈다. 어린 아이를 좋아하는 사람이거나, 어린 아이가 좋아하는 어른이거나 공통점은 사람을 사랑하는 사람이다. 욕심 없이 순수하게.

먼저 사랑을 해보자. 루틴을 만들기 전에 내가 사랑하는 사람인지, 내가 사랑하는 일인지를 먼저 생각해보자. 루틴은 그 다음이다. 사랑하면 움직인다.

사람은 사랑하는 그 무언가를 위해 움직인다. 움직이는 루틴을 만들고 싶다면 먼저 좋아하고 사랑하는 루틴을 만들자. 그러면 변해가는 당신이 발견될 것이다.

무조건 이기는 싸움이다.

무조건 이기는 루틴이다.

사랑으로 만들어진 루틴이 주는 선물은 상상 그 이상이다.

chapter 5

위기를 기회로
만드는 것이
루틴력이다

2020년 대한민국
위기의 시대

코로나19 신종 바이러스로 인한 '쓰나미'가 우리나라 경제를 뒤덮고 있다. 취업 후 일시적인 휴직자만 160만 명이 넘는데 이는 직업이 있고, 직장에 소속되어 있지만 일주일에 1시간도 일하지 못한 이들을 말하는 것이다. 1982년 통계 작성 이후 일시휴직자가 100만 명을 넘는 건 이번이 처음이라고 한다.

코로나발 쓰나미는 이제 막 시작이다. 사회적 거리두기로 경제의 한 축인 가계의 소비가 급감했고 국내 소비와 글로벌 교역이 멈추니 기업은 벼랑 끝에 내몰릴 수밖에 없다. 일자리가 늘길 기대하는 것은 지금은 말도 안 되는 소리다. 있는 사람도 내보내고 쉽게 하니 일시휴직자가 폭증할 수밖에 없는 현실이다.

지난 3월 취업자가 1년 전보다 19만 5천 명 감소하는 등 2010년 1월 이후 10년여 만에 역성장한 것도 모자라 글로벌 금융위기 이후 최대 폭으로 줄었다.

통계청이 4월 17일 발표한 '3월 고용동향'에 따르면 지난달 취업자 수는 2660만 9천 명으로 1년 전보다 19만 5천 명(-0.7%) 감소했다. 글로벌 금융위기 때인 2009년 5월 24만 명이 감소한 이후 10년 10개월 만에 최대 폭으로 줄어든 셈이다.

사회적 거리두기는 가정의 소비 격감으로 이어지고 이로 인한 기업의 매출 감소로 우리 사회는 어느 때보다 심각한 경제적 위기를 맞이하고 있다.

그나마 다행인 것은 1,500원대까지 무너졌던 주식시장이 다시 외국인들의 주식 매수에 힘입어 1,900선을 돌파했다는 소식이다. 수출 주도형인 우리나라 경제성장이 향후 어떻게 진행될지는 세계적인 코로나 여파에 따라 달라질 것으로 보인다.

코로나 쓰나미가 우리나라뿐만 아니라 세계적인 경제를 뒤흔들고 있는 지금. 우리는 지금 어디서 어떻게 다시 일어설 준비를 해야 할까? 스스로 돌아보지 않을 수 없다.

지금 직장을 다니고 있는 사람도, 잠시 일을 하지 않는 사람도 언제 어떻게 될지 모르는 상황에서 미래를 준비없이 기다릴 수 없는 상황이다. 먼 미래가 아닌 당장 내일이나, 한 달 뒤에는 내가 어디서 무엇을 하며 지내고 있을 것인가?

영화 〈기생충〉 봉준호 감독의 수상 소감이 눈길을 끈다
"가장 개인적인 것이 가장 창의적인 것이다."

가장 개인적인 것이라는 것은 바로 그 사람만이 할 수 있는 것을 말한다. 누구나 하고 있는 것은 대중적이라고 한다. 그것을 창의적이라고 말하지 않는다. 남들이 잘 하지 않는 것을 오래하면 가장 개인적인 것이 되고 가장 창의적인 것이 된다. 단 남들이 인정할 만큼 잘 해야 한다. 독특해야 한다. 비밀은 오랫동안 쌓아왔었어야 된다는 사실이다.

2018년 일명 "낚시 스윙"으로 미국 골프대회에 초청 선수로 나간 한국의 KPGA 최호성 선수가 있다. 처음 보는 사람들은 최호성 선수의 이상한 낚시폼의 골프 스윙을 보면 탄성보다는 살짝 미소를 지었다. 하지만 그 선수의 이면을 들여다보면 가슴 아픈 사연에 가슴이 먹먹해진다. 포항 수산고 재학시절에 당한 사고로 인하여 엄지손가락이 절단되었다. 25살의 나이에 시작한 골프를 직업으로 하기까지 그 불편함을 그 사람만의 땀과 노력으로 극복하여 마침내 완성된 자기만의 낚시 스윙은 알고 보면 가장 고귀하고 위대한 스윙이라고 말하고 싶다.

골프의 스윙은 하루아침에 바뀌지 않는다. 골프는 멘탈 운동이기 때문에 작은 루틴이 굉장히 중요한 운동이다. 발의 위치, 공의 위치, 몸의 자세 하나까지 정말 조금의 흐트러짐도 용서하지 않는다. 작은 변화는 엄청난 공의 변화를 가져오기 때문이다. 작은 변화를 몸에 익히기까지는 정말 많은 시간이 필요하다. 하루 이틀 한

다고 몸에 배는 것이 아니다. 수년간은 다지고 또 다져져야 만들어
지는 고통의 산물이다.

　한동안 〈맛집〉이 유행했다. 지금도 TV에서 자주 나오기도 하고
맛집을 만들어 주기도 한다. 이제는 우리나라 식당의 반이 TV에
소개되었다고 생각될 정도이다. 어느 식당을 가도 TV에 소개된 자
료가 여기저기 붙어 있다. 맛집이라고 찾아가보면 음식의 맛에 대
해 고개를 저을 때도 많다. 이제는 TV에 나오지 않은 식당을 찾으
면 그 집이 맛집인지도 모른다.

　며칠 전에도 고기를 먹으러 맛집을 찾아갔다. 다행히 예약을 해
서 기다리지 않고 바로 들어가서 주문을 하고 식사를 마쳤는데 예
약하지 않고 기다리는 사람들의 표정이 좋지 않았다. 200~300명
규모의 식당이라면 로테이션이라도 빨라서 대기 시간이 길지 않을
텐데 테이블이 10개 정도의 소규모 식당이다 보니 한번 사람이 차
면 언제 자리가 빌지 모른다. 그러니 기다리는 사람은 하염없이 시
간가는 줄도 모르고 기다려야 하는 상황이다.

　젊은 남자는 언제까지 기다려야 하냐고 주인에게 묻더니 그냥
가버리는 일도 있었다.

　번쩍이는 간판도, 여러 대를 주차할 주차장도 그리고 손님 신발
장도 변변찮은 식당을 사람들이 굳이 와서 먹고 가는 이유는 무엇
일까?

정답은 〈맛〉이다. 진정 숨은 고수의 맛집인 것이다. 동네에서 알아주는…….

주인에게 물어보니 한 자리에서 시작한 지가 30년이라고 한다. 30년이면 강산이 3번 변했을 시간이다. 요즘은 강산도 빠르게 변하니 6번은 더 바뀌었을 시간이다. 우리는 그 식당의 지금 모습만 보고 있다. 지금 손님이 평일에도 줄을 서서 먹는 광경만을 떠올리면서 사장님의 돈주머니가 두둑하리라는 상상을 하고 있다.

하지만 식당 문을 열자마자 이렇게 장사가 잘 되었을까? 가격이 비싸지 않으면 '착한 가격'이라고 말한다. 장사가 잘 되고 돈 욕심이 있는 사장님이라면 아직도 착한 가격을 유지하고 있을까?

식당 기둥에 조그맣게 붙어 있는 작은 간판, 그리고 착한 가격, 뒤통수치지 않는 구수한 맛. 그리고 욕심없는 30년이 비결이다.

우왕좌왕 할 시기가 아니다. 자리를 지키고 있어야 한다.

가장 개인적인 것으로, 가장 창의적인 것으로 나의 무기를 만들어 때를 기다려야 한다. 손님이 줄었다고 가게 문을 닫을 수는 없는 일이다. 손님이 있을 때나 없을 때나 문은 항상 열려 있어야 한다. 숨죽이고 때를 기다려야 하지만 뒤로는 나만의 무기를 만들고 있어야 한다. 남들에게 없는 나만의 무기, 남들보다 강한 나만의 무기가 없다면 지금이라도 갈고 닦아야 한다. 지금이 가장 좋은 시기인지 모른다. 경제는 어떤 식으로든 다시 살아날 것이다. 취업률이 올라가고, 주식이 다시 상한가를 갱신할 때 나도 나만의 무기로 사회에 진출해야 한다. 그러기 위해서는 지금 나의 루틴을 돌아봐야 한다. 잘못된 루틴은 다시 세우고, 버려야 할 루틴은 과감하게 없애야 한다. 나에게 오직 도움이 되는 루틴만 살려서 하루하루 갈고 닦으며 기다려야 한다. 포기하거나 좌절해서는 안 된다. 루틴은 갈고 닦을수록 더 강해진다.

루틴의 힘을 믿어야 한다. 시간은 배신하지 않는다.
오늘 나의 루틴을 다시 돌아보자.

위기는 위기일 뿐
기회는 내가 만든다

　매일 저녁 잠자리에 들기 전에 스마트폰을 보는 시간을 가진다. 10분만 봐야지 하지만 한 시간을 넘기기도 하고, 잠들기 전에는 '내가 뭐하고 있나' 자책하기도 하지만 잘 고쳐지지 않는다.

　최근 유명한 유튜버의 채널에 김미경 선생님이 나오셔서 이야기하는 것을 유심히 들었는데 너무나 솔깃해서 끝까지 듣게 되었다. 지금 세계적인 '코로나의 쓰나미'에서 휘청거리는 사람은 꼭 들었으면 하는 내용들이었다. 간단히 요약하면 다음과 같다.

　사람들에게 오는 패닉은 오래 가지 않는다. 잠시 지나갈 뿐이다. 불황을 여러 번 겪어 보면 자기만의 공식이 생기는데 나에게 불황은 용수철이다. 누르고 누르다 보면 다시 튀어 오르는 날이 생긴다는 것이다.

　여러 경제학자들 이야기는 다양하지만 내 상황은 다르다. 경제가 어렵다고 내가 어떻게 된 적이 있었나? 내가 가져올 현상은 선택 가능하다. 어떤 시간을 살건 내 나름대로의 살아낼 수 있는 방법은 내가 찾아야 한다. 불황일 때 어떻게 해서 살아남아야 하는지를.

위기는 기회다, 몸은 알고 있다. 혼돈 속의 질서. 혼돈 다음으로 찾아오는 질서로 변해가는 메카니즘이다. 팬데믹 현상은 어디서 어떻게 오는가?

이러한 현상에서 빠져나오면 예전의 세상이 아닌 다른 세상의 질서 속에 갇히게 된다.

똑똑한 20%의 사람들은 알고 있고 시중의 80%의 돈을 가지고 다음 질서로 넘어간다.

예전 질서의 나머지 20%의 돈을 가지고 나눠먹기 하고 있는 것을 불황이라고 한다.

새로운 환경의 질서로 얼른 옮겨가야 한다.

혼돈 속의 질서, 혼돈은 반드시 엄청난 질서로 자리 잡히고 이 질서는 먹고시는 질서를 바뀌놓을 것은 분명하다. 어떻게 다음 질서로 가서 자리 잡아야 하는지 아무도 가르쳐 주지 않는다.

정치, 사회, 역사, 경제 분야별로 쏟아지는 미래 리포트, 하지만 이건 내 것이 아니다. 나는 나만의 리포트를 써 내야 한다.

세계적인 팬데믹이 끝나면 막연히 예전으로 돌아가는 줄 안다. 회사, 학교, 직장 모두 돌아가지만 그 분위기 아니고 그 질서 아니고 다른 세계의 질서로 돌아간다. 새로운 질서에서 어떻게 돈을 벌고 꿈을 꿔야 하는지 알아야 한다. '위기가 기회다' 보다는 '혼돈 속의 질서'를.

몸으로 느끼지 못하고 입으로 외운 사람은 잘 모른다. 지금이 기회라고? 그래서 주식부터 구입한다. 머리로 외운 사람은 빚 얻어서 주식을 산다. 나만 안 사면 억울할 거 같아서.

위기는 내가 변해야 기회로 변한다. 밖은 여전히 위기지만, 내가 변해야 한다. 외부상황까지 변해지면 몇 배로 성장한다. 위기는 기회로 만드는 사람한테만 2배 이상의 기회를 제공한다. 위기는 여전히 위기다. 미래의 질서가 잠깐 그 모습을 보여준 것일 뿐.

위기는 미래를 학습하고 있는 것이다. 지금 만나지 않고 줌으로 생일파티하고, 줌으로 대화를 한다. 주문도 온라인으로 한 지는 이미 오래 되었다.

억지로 하루하루 길들이고 있다. 새로운 루틴을 만들고 있다. 태어나서 처음으로 주문해 봤는데 3개월 하니까 가능하네……시장도 바뀌고 판이 바뀌고……바뀌는 판으로 가야 한다.

위기 때 하는 집중적 공부가 10년을 바꾼다.

터닝포인트, 대부분의 터닝포인트는 불행이고 불황이다. 잘되는 사람은 방향을 바꾸지 않는다. 절대 바꾸지 않는다. 하지만 한번 바뀐 포인트는 앞으로의 10년을 바꾼다. 내가 공부해서 내가 찾아야 한다. 나만의 미래 리포트는 내가 써야 한다. 그리고 그 자신이 쓴 책에서 두려움이라는 것에 대한 소개를 이렇게 하고 있다. 누구나 처음 시작할 때는 두려움이라는 자루를 메고 시작한다. 하지만 그 자루에는 작은 구멍이 있어서 한참을 지날 때는 두려움의 크기가 작아져서 나도 발걸음이 가볍고, 두려움도 반으로 줄어 있다. 두려움의 자루를 지고 그냥 걸어가 봐라. 너무 크다면 무게를 줄이는 것도 좋은 방법이다. 두려움이라는 자루가 너무 크면 한 발짝 나아가지 못한다. 세상의 모든 위대한 사람들은 타고난 자신감 있던 대단한 사람들이 아니라 두려움이라는 자루를 지고 만 보를 내딛은 평범한 사람들이었다. 자신감이란 두려움의 자루가 다 비워졌을 때 가지는 마음상태이다.

정보에 민감해져야 하고 공부를 많이 해야 한다. 휴대폰을 너무 들여다보지 말고 필요한 책을 보면서 공부해야 한다. 30권 이상 읽어야 방향을 잡을 수 있을 것이다. 많은 석학들의 이야기, 칼럼, 리포트를 읽고 공부해야 한다. 그리고 나만의 리포트를 꼭 써야 한다.

새로운 시작은 심장이 터질 깃 같이 시작하는 깃이다. 혼돈 속에서 질서를 찾는 사람이 되길 바란다.

늘 위기가 닥치면 세계적인 석학이나 경제학자들의 이야기, 그리고 각종 칼럼들에 눈을 돌리고 어떻게 해야 할지를 준비하지만 막상 나에게 기회를 가져다주는 경우는 주변사람들의 이야기가 많았다.

가끔 들었던 유튜브이고 강의가 재미있어 자기 전에 들었던 내용이지만, 실제로 김미경 선생님에게도 위기는 있었다. 위의 이야기는 내 머릿속에 작은 소용돌이를 남기면서 한동안 나를 돌아보게 하는 내용이었다.

'나는 무엇을 하며 이 위기를 벗어날 생각을 하고 있었는가?'

'나는 새로운 질서를 준비하고 있었는가?'

나에게 위기가 닥쳤을 때 위기를 기회라고 생각하는 사람은 적다. 위기에서 어떻게 살아남을지 고민하고 방법을 찾다보니 기회가 된 것이지 처음부터 '이것은 기회다'라고 생각하는 사람은 드물다는 말이다. 모든 사람이 살아남지도 않는다. 자신의 위치에서 최선을 다하고 살아남기 위해서 새로운 세상에 적응하고 새로운 돌파구를 찾는 사람만이 살아남는다. 그 사람한테만 위기는 기회가 되는 것이다.

그래서 오늘의 루틴이 중요하다.

'내가 가진 루틴이 과연 살아남을 수 있는 루틴인가?'

'내일을 살아남기 위해서 없애거나 수정해야 하는 루틴은 아닌가?'

루틴을 돌아보지 않을 수 없다.

신문기사에서 이런 내용을 본 적이 있다

1695년부터 1696까지 발생한 역병으로 런던 인구의 25% 가량이 사망하고, 역병이 사라지자 대형 화재가 발생해서 런던을 대부분을 파괴했다고 한다. 1695년 역병이 급속히 확산되자 국왕과 귀족들은 자신의 영지와 친지들이 있는 곳으로 피신했고 캠브리지대학도 문을 닫아 학생들은 짐을 싸서 고향으로 돌아갔다고 했다. 뉴턴도 그 중 한 명이었다. 런던에서 150km 떨어진 울즈소프에서 혼자 공부를 하게 된 것이다. 이 시기에 떨어지는 사과를 보았고, 미적분을 발견했을 뿐 아니라 지상에 적용되던 중력을 달의 궤도까지 확대시켰다고 한다. 그래서 과학사에서는 이때를 '기적의 해'라고 부른다는 것이다.

오늘의 위기가 나에게 기적이 되어 돌아올 수 있는 루틴을 나는 가지고 있는가?

한번쯤 지나간 하루를 돌아볼 필요가 있다.

루틴력이
위기를 이긴다

늘 맛집 찾아다니기를 좋아하고 실제로 가보기도 하면서, 삶의 의미를 찾는 사람과 같이 살고 있으니 소문난 맛집을 자주 가게 된다. 소문난 맛집을 찾아다녔으나 실망을 많이 해봐서인지 지금은 동네 맛집으로 투어를 다니는 편이다. 그 동네 주민만이 알고 있는 오래된 맛집. 건물이 허름해도 맛을 보는 순간 표정이 환하게 바뀌는 그런 집이다. 주차장도 번듯하고 새로 생긴 대형 음식점 보다는 주차하기 불편하다. 화장실도 비위생적이고 가게도 좁아서 옆 사람과 눈치봐가며 밥을 먹어야 하는 곳이 대부분이다.

하지만 먹고 나서 후회하기보다 다시 찾는 그런 집들이 많았다. 그래서 출장을 갈 때는 반드시 그곳의 숨은 동네 맛집을 찾아다닌다.

2020년이 시작되고 한 달이 지난 2월 초에 서울 서초구에 볼 일이 있어서 가는 길에 점심을 해결해야 할 일이 있었다. 핸드폰으로 맛집 검색을 하고 내비게이션의 힘을 빌려 어렵게 찾아간 그 집은 공사 중이었다.

하루 세 끼 중 한 끼 정도는 면 종류의 메뉴를 먹게 되는데 그 날도 동네에서 소문난 A칼국수집을 찾아갔다.

"사장님? 공사 언제부터 하셨어요?"

"네, 죄송해요, 일주일 정도 되었어요. 코로나로 손님도 뜸하고, 가게 인테리어도 오래 되었고 해서 언제 할까 생각했는데 지금이 적기인 거 같아서요."

"그럼 직원들은요?"

"공사하는 김에 한 달 휴가를 보냈어요. 쉬니까 월급 안 받겠다고 하더라구요."

"여기 온 김에 들렀는데 가는 날이 장날이라고 하필 공사 중이네요."

"네, 죄송합니다. 다음에 꼭 들러주세요. 전에 헛걸음 하셨던 손님이라고 말하면 양 푸짐하게 더 드릴게요."

누가 보면 자주 가게를 들르는 단골손님이 오랜만에 와서 사장님과 대화하는 줄 알겠지만 처음 들른 곳이다.

어딜 가나 편한 얼굴에 어디서 많이 봤다는 소리를 듣는 얼굴이어서인지 낯선 사람이나 아이에게 말을 걸어도 전혀 부담없이 답을 하고 대화를 주고받는 스타일이다. 그 날도 잠시 쉬시는 사장님과 몇 마디 주고받고 왔다. 같이 간 집사람은 바쁜 사람 괜히 말 시킨다고 옆구리를 쿡쿡 찌르면서 눈치를 주었다. 헛걸음 한 것이 억울해서라도 왜 지금 공사를 하는지 이유가 알고 싶었다.

"와 대단하다. 맛집이어서 사람들이 끼니 때마다 줄을 서서 먹을텐데……."

"그러니까 맛집이지, 코로나가 다시 저 집을 살리겠는데?"

"그러게 말이야, 직원을 줄이거나, 메뉴를 추가하는 것이 아니라 이런 기회에 공사를 하는구나. 사장님 대단하다 정말!"

우리는 그렇게 처음 찾아간 그 집을 나중에 다시 방문하기로 하고 발걸음을 돌렸다.

조용한 동네의 좁은 길목에 자리잡고 있던 그 집을 이제는 내비게이션 없이 찾아갈 수 있을 것 같다. 얼마나 이쁘게 바뀌었는지, 정말 맛이 있는 가게인지 나중에 꼭 다시 방문하여 맛을 보고 싶다.

내가 살고 있는 동네에도 이런 가게가 있다.

간판은 '생삼겹살집'이지만 사실 안 하는 메뉴가 없는 만물상 같은 음식점이다. 사장님이 오토바이로 배달도 하시고 서빙하시는 분도 2분 계시고, 주방에도 3분 정도 일하시는 분이 계신데 좁은 가게에 왜 이렇게 직원이 많은지 의문이 들 정도다. 가게가 10평 남짓하고 테이블도 8개 정도인 크지 않은 가게다. 그런데 맛집이다. TV에 나올 만큼은 아니지만 모든 메뉴가 다 무난하다. 실패하지 않는 맛을 낸다는 것도 사실 어렵다. 그래서 손님이 없는 경우를 본 적이 없다. 가끔 외식을 할 때면 들르기도 하는데 삼겹살도 맛있고, 고기 먹고 후식으로 먹는 볶음밥도 맛있다. 특히 구워먹는 김치는 너무 맛있다. 사이드 메뉴로 먹는 잔치국수나 칼국수는 양이 너무 많아서 뭔가 제대로 먹는 느낌이다. 고깃집에서 주는 국수는 늘 양이 한두 젓가락이면 끝나는 양인데 그 집은 잔치국수로 배를 채울 만큼 많은 양을 주신다.

지난주에 들렀는데 인테리어가 바뀌어 있었다. 그냥 지나갈 내가 아니다.

"사장님, 언제 이렇게 공사하셨어요? 말도 없이?"

"손님 안 오실 때 하느라고 바빴어요. 지난 명절 쉬는 날을 이용해서 공사를 서둘렀지요."

"좌식 테이블이 없어지고 입식으로 많이 바뀌었네요. 다른 식당들도 모두 이렇게 많이 바뀌었던데……. 그런데 테이블 2개는 그대로네요?"

"네 저건 어린 아이들이 있는 가족석이에요. 어린 아이들은 밥먹고 바로 자기도 하고, 자고 있는 아이를 데리고 오기도 하잖아요. 여러모로 필요하겠더라고요."

"저건 우리 집을 위한 거네, 아직 둘째가 피곤할 때는 먹자마자바로 자더라고요."

공사 전에는 신발을 벗고 온돌로 된 자리에서 식사를 했다. 하지만 요즘 식당들은 대부분 좌식을 입식으로 테이블을 많이 바꾸는 분위기이다. 신발을 벗지 않아도 되고, 신발을 잃어버릴 염려도 없고, 여러모로 편하다.

하지만 좌식 테이블이 필요하기도 하다. 짐을 편하게 놓는다거나 어린 아이들을 옆에서 돌봐가면서 식사를 해야 하는 사람들은 좌식이 편할 때가 있다.

위의 사례를 보면 서초구의 칼국숫집은 코로나로 인해서 손님이 덜한 시간을 틈타서 그 동안 미루어 오던 인테리어 공사를 하는 경우이고, 우리 동네 가게의 경우는 손님들의 불편한 점을 받아들여 한 단계 더 업그레이드된 경우라고 보면 되겠다. 사람들이 많이 지나다니지 않는 작은 동네지만 새로 생긴 음식점이 조용히 사라지는 경우를 자주 목격했다. 그만큼 누구나 할 수 있는 음식점이지만 그만큼 많이 망하기도 하는 업종이 음식점이다. 그래서 살아남는 음식점들은 보통 이상이라고 보는 것이다.

개인의 경우도 마찬가지다.

반복적인 하루하루, 일 년을 살다보면 지루하고 따분해지는 시기가 찾아온다. 매일 같은 일을 하는 직장도, 운동도, 그리고 그토록 하고 싶던 연애조차도……. 나에게 찾아온 신호같은 작은 위기인 이때, 뒤를 돌아보고 점검하고, 더 고민해보자. 반드시 반등의 시간은 있다. 놓쳐서는 안 된다. 한번 놓친 기회는 자주 오지 않는다. 다시 삶의 활력을 찾아야 할 시간이다. 잠시 숨고르기를 하자.

이 시간은 위기가 아니라
더 높이 점프하기 위한 작은 움츠림이다.
그동안의 나의 루틴으로 다시 일상의 근력을 강화하자.

루틴력은 느리다?

(1% 달라지기)

중국 고대 어느 황제가 체스 게임을 알고 난 뒤 그 게임에 푹 빠져서, 그 게임을 만든 사람을 찾아 그에게 상을 내리게 되었다. 황제가 체스 게임을 만든 사람에게 소원을 말해보라고 하자 그는 황제에게 말하기를 "쌀 한 톨 받는 것입니다"라고 말했다. 황제가 "겨우 그것이냐?" 물었다.

체스를 만든 사람은 "네, 체스 첫째 칸에 쌀 1톨, 다음 칸에 쌀 2톨, 그 다음 칸에 쌀 4톨, 그 다음 칸에 쌀 8톨 이렇게 계속 배수로 쌀을 채워주시면 됩니다"라고 말했다.

황제는 그러겠노라 하여 체스판에 쌀을 놓기 시작했는데 기하급수로 불어나서 8×8인 64칸을 모두 채우면 중국 나라 모든 쌀을 주어도 부족하게 되었다. 결국 황제는 쌀 대신 비옥한 땅 수백 에이커를 주었다.

우리 아이의 책에서 본 동화다. 처음에 쌀 한 톨이라고 했을 때의 황제의 표정을 생각해보자. 얼마나 소원이 작고 보잘 것 없다고 여기면서 "겨우 그것이냐?"라고 했을 것이다. 아마 내가 황제라도 그랬을 것 같다. 지금 생각해도 체스판을 쌀알로 다 채워도 '그거 얼마나 되겠어?' 하는 생각이 강하다.

다시 계산을 해보자.

1칸 1톨, 2칸 2톨, 3칸 4톨, 4칸 8톨, 5칸 16톨, 6칸 32톨, 7칸 64톨, 8칸 128톨, 9칸 256톨, 10칸 512톨, 11칸 1024톨, 12칸 2048톨, 13칸 4096톨, 14칸 8192톨, 15칸 16.384톨……. 40칸에는 549,755,813,888개의 쌀을 얻을 수 있다. 더 이상은 계산기로 나타나지 않는다.

우리는 1을 아무렇지 않게 여기는 경향이 있다. 우습게 보는 것이다. 요즘 1원이라 하면 길바닥에 떨어져도 주우려고 하지 않는다. 사실 사용하기도 힘들다. 은행이나 계좌로 돈 부칠 때 계산상 나오는 숫자이지 실생활에서의 가치는 거의 느끼지 못한다.

1%

새로운 루틴의 1%만 하자. 어쩌면 방향을 1°만 틀어도 1%를 이룬 것인지도 모르겠다. 골프를 해본 사람은 알 것이다. 처음 공의 방향이 조금 틀어진다는 것은 공이 땅에 떨어졌을 때의 그 차이는 어마어마한 것이라는 것을 그래서 방향을 약간 다르게 볼 수 있다는 것 자체가 이미 달라지고 있다는 신호일 수 있다.

제임스클리어는 자신의 저서 《Atomic Habits》에서 다음과 같이 밝히고 있다.

2003년 어느 날, 영국의 사이클 협회 조직위원회는 데이브 브레일스퍼드를 새 감독으로 영입했는데 그 전까지 무려 100년 동안 영국의 프로 사이클 선수들은 평범한 수준이었다고 한다. 1908년 이후 영국은 올림픽에서 금메달을 한 개 땄을 뿐이고, 가장 큰 대회인 투르 드 프랑스에서는 110년 동안 단 한 번도 우승을 하지 못한 팀이었다. 유럽 최고의 사이클 제조업체 한 곳은 영국 선수들에게 사이클을 판매하는 것조차 거부할 정도였다고 한다. 이런 상황에서 새로 부임한 브레일스퍼드는 예전 감독과는 다른 전략을 시작했다. 그는 이 전략을 '사소한 성과들의 총합'이라고 불렀는데 모든 일에서 아주 미세한 발전을 추구한다는 의미이다.

"당신이 사이클을 탈 때 할 수 있는 모든 일을 다 잘게 쪼개서 생각해보고 딱 1퍼센트만 개선해보라. 그것들이 모이면 상당한 발전이 이뤄질 것이다. 내 전략의 전반적인 원칙은 바로 이런 관점에 따라 세워졌다."

그리고는 사이클링 팀에 적용할 수 있는 아주 작은 일들부터 하나씩 바꿔나갔다. 사이클 안장을 보다 편안하게 디자인하고, 타이어는 접지력을 높이기 위해 알코올로 닦았다. 선수들에게는 전기로 체온을 올리는 오버셔츠를 입혀 사이클을 타는 동안 이상적인 근육 온도를 유지하게 했고, 몸에 생체감지 센서들을 부착해 운동할 때 어떤 상황에서 어떤 생체적 반응이 일어나는지 파악했다. 선수들은 바람 부는 터널에서 다양한 소재의 옷을 입고 달렸으며, 실외에서 연습할 때는 더 가볍고 공기역학적으로 디자인된 선수복을 바꿔 입었다. 다들 신경 쓰지 않았던 부분들에서 1퍼센트를 개선하고자 노력했다.

어느 마사지 젤이 가장 빨리 근육을 회복시키는지 직접 테스트했으며, 외과 의사를 고용해 각 선수들마다 가장 적합한 손 씻기 방법을 가르쳐 감기에 걸릴 확률을 낮추기도 했다. 각각의 선수들이 어떤 베개와 매트리스를 사용했을 때 숙면하는지도 일일이 파악했다고 한다. 심지어는 팀 트럭 내부를 흰색으로 바꾸어 먼지들이 경기 전 세밀하게 조정된 사이클들에 들어가지 않도록 잘 보이게 했다고 한다.

이러한 결과로 브레일스퍼드가 영입된 지 겨우 5년 만에 브리티시 사이클링 팀은 2008년 베이징 올림픽의 도로 사이클 및 트랙 사이클 경기에서 압도적인 경기력을 보였다. 전 종목을 통틀어 60퍼센트의 금메달을 석권한 것이다. 4년 후 런던 올림픽에서는 아홉 개의 올림픽 신기록과 일곱 개의 세계 신기록을 경신했다고 한다.

어떻게 이런 일이 일어난 것일까? 평범했던 선수들이 어떻게 세계 최고의 선수들로 태어나게 된 것일까?

우리는 대단한 실천이 있어야만 성공할 수 있다고 확신한다.

죽을 듯이 공부하고, 좋은 대학을 나오고, 고통의 나날을 보내며 살을 빼고, 고비를 넘기며 회사를 설립하고, 세상 모든 사람들이 알고 있는 유명한 책을 쓰고 등 대단한 일을 해내야 한다고 스스로 자신을 압박한다.

1%의 성장은 눈에 보이지 않는다. 변했는지 알아차리기도 힘들다. 하지만 의미는 대단하다. 장기적인 관점에서 바라보아야 한다. 지금의 1%는 먼 훗날 엄청난 발전이 되어 돌아온다.

루틴은 복리로 작용한다. 돈이 복리로 불어나듯이 루틴도 반복되면서 결과가 배가 되어 나타난다.

처음에는 작은 차이지만 몇 달 몇 년이 지나면 그 금액은 어마어마해질 수 있다.

1년 후에는 기대만큼 자라지 않을 수도 있다. 2년 후에도 조금 자랐네 할 정도일지도 모른다. 하지만 5년 후에는 그리고 10년 후에는 어떤 모습으로 다가올지 상상해보자. 1년은 365일, 10년은 3,650일이다. 3,650일 중의 1일은 0.00027퍼센트이다. 우리가 생각하는 1퍼센트를 이루기 위해서는 50일을 최소한 기다려야 한다.

그러니 오늘 하루의 변화를 우리가 느낄 수 있을까?

오늘 돈을 아껴 썼다고 당장 부자가 되지 않는다. 하지만 매일 아끼고 투자하고 저축하고 하다보면 실패도 있겠지만 어느새 10년 후에는 번듯한 집이 생겨날 수 있다.

오늘 하루 헬스장 다녀온다고 몸이 우락부락해지지 않는다. 매일 같은 시간에 즐거운 마음으로 한두 시간씩 투자하고 공부해야 적어도 1년 후에는 몸에 근육이 조금 붙어 있을지도 모른다. 10년 후에는 작은 헬스장 관장이 되어 있을지도 모르고 헬스 이야기로 책을 쓰고 있을지도 모른다.

변화는 느리게 일어난다. 그리고 쉽게 나쁜 루틴으로 돌아간다. 오늘 하루 피자 먹었다고 당장 살이 찌지 않는다. 하지만 매일 피자 햄버거를 먹는다고 생각해 보라. 한 달 뒤, 당신의 몸에는 분명 많은 변화가 일어나 있을 것이다.

미국의 로스앤젤레스에서 뉴욕으로 비행기가 출발한다고 하자. 로스앤젤레스 공항을 출발한 비행기의 조종사가 남쪽으로 3.5°만 경로를 조정해도 비행기는 뉴욕이 아니라 워싱턴 D.C.에 착륙하게 된다고 한다. 비행기 앞머리가 몇 미터 움직이는 것처럼 보이는 작은 변화도 미국 국토를 가로질러 간다고 하면 결국 수백 킬로미터 떨어진 곳에 도착하는 것이다.

당신이 인생의 비행기 조종사라고 생각해보자. 비행기 머리를 어디로 바라보게 할 것인가?

1퍼센트만 방향을 바꾸어 보자.
5년 후의 나의 일상에 어마어마한 변화를 일으킬 것이다.

루틴을 견뎌내지
못하는 세대

밀레니얼 세대. 정확히 말하면 1981년부터 1996년 사이에 태어난 세대를 말한다. 부모님은 베이부머 세대, 즉 1958년 개띠가 대표적이다. 우리나라 성장기 때는 베이버부머라고 할 만큼 아이도 많이 낳아서 키웠지만 막상 우리나라 성장기의 변곡점(IMF, 서브프라임 모기지 금융위기, 리먼브라더스 사태 등)을 눈으로 보고 몸으로 겪은 밀레니얼 세대들은 모든 게 다 조심스럽다.

평생 한 직장을 다닐 수 있을지, 하늘 높은 줄 모르고 치솟은 집값은 나의 현실과 너무 멀어지고, 우리 부모님처럼 살고 싶지는 않고, 그래서 결혼도 아이도 자신 없고, 마냥 혼자가 좋은, 그래서 '혼○'이 유행처럼 쓰이는 지금이다.

혼밥, 혼술, 드디어 혼삼겹까지.

"어떻게 고기를 혼자 먹어?"

"술 혼자서 마시지 마라, 불쌍해서 못 보겠다. 정 마시고 싶으면 같이 먹자."

이렇게 어울리는 문화에서 이제는 혼밥이나 혼술이 익숙해지고 가게도 혼자서 먹을 수 있는 테이블로 모습을 바꾸어가고 있다. 혼자 즐기는 모습이 이제는 낯설지 않다.

지금 막 직장 생활을 시작하거나 직장에서 한참 주가를 달리고 있을 시기이지만 여전히 상사가 보는 눈은 곱지 않다. 사실 상사 입장에서 아직 적응을 못하고 있는 것이다. 빠르게 바뀌어가는 세대들의 특징을 이해하기에는 시간이 너무 빠르게 지나간다. 또다시 90년대 생이 몰려올 텐데……

판교에 지사를 둔 외국계열회사 마케팅부에 근무하는 부팀장 A에게서 회사 이야기를 자주 듣곤 하는데 30대 중반의 아주 유능한 친구가 있다고 했다. 강남 8학군의 고등학교를 나와서 그런지 머리도 너무 좋고 일도 너무 잘 하고 나무랄 데가 없는 아주 엘리트라고 했다. 연말에 승진 계절이 오고 은근히 승진할 것이라는 기대를 안고 있었는데 지난해도 승진에서 탈락했다는 소식을 들었다.

직장인이라면 승진은 당연하기보다도 열심히 노력한 대가라고 봐야 할 것이다. 그 친구 입장에서 회사를 위해서 열심히 일하고 성과도 냈으니 승진이라는 인센티브는 당연하다고 생각할 만하다. 그 친구도 '이번에는 내 차례겠지' 하면서 기대했는데 떨어졌으니 기분도 기분이지만 이유를 알고 싶었다. 회사에 소개해주신 분을 통해서 지난해 자신이 왜 탈락했는지를 물어보았는데 답변이 의외였다.

"그 친구? 일은 잘하지. 너무 잘해서 성과도 좋고, 회사 매출에도 많은 기여한 건 사실이야. 그런데 그것 말고 다른 게 없어. 혼자서 일한 거야. 다른 친구들을 도와서 팀이 성장했거나, 누구를 도와주었던 사실은 없던데?"

어려서부터 칭찬과 격려를 자주 듣고, 입시라는 경쟁에서 살아남기 위해서 혼자 달려야 했다. 입시가 끝나고 나니 취업이라는 다른 전쟁이 기다리고 있고, 다시 살아남기 위해서 매일 달리고 또 달렸다. 남들보다 앞서가야 내가 살고 가족이 산다고 생각했다. 연봉이 오르기만 기다리고 있었는데 혼자 잘나서 탈락이라니…….

지난해 승진한 친구를 보니 그 친구는 늘 다른 팀원들과 함께하고 늘 도와주는 모습이 인상적이었다. 자기 일보다는 팀원들의 일을 먼저 처리하고 부서의 여러 가지 일을 살뜰히 챙기는 모습이 신기하기만 했다.

'저래서 언제 승진하나? 저러니 자기 일을 잘 못하지' 하는 생각이 오히려 독이 되어 돌아온 것이다. 여태 혼자서 일을 처리하고 혼자 잘해도 회사에 기여하면 좋은 자리, 높은 연봉으로 보답할 줄 알았는데 이제 어떻게 회사에서 입지를 굳혀가야 할지 막막하다는 소식을 들었다.

서울 강서구 마곡에 살고 있는 30대 초반 이씨는 현재 패션업계에서 10년을 넘게 일하고 있다. 이씨는 회사에서는 말을 많이 하는 편이 아니지만 친한 사람들과 함께하는 회식자리에서는 회사에 대한 불만과 상사에 대한 이야기를 입에 거품이 나도록 말하곤 했었다.

"지겨운 게 딱 싫어. 왜 사람들은 한 가지만 해?"

"똑같이 반복하는 거 제일 싫어, 매일 먹는 집밥도 너무 싫어, 사람들은 집밥이 지겹지도 않는가 봐."

늘 불만이다. 회사에 대한 불만, 먹는 거에 대한 불만. 그래서 늘 맛집을 찾아다닌다. 이미 알겠지만 모든 맛집이 다 맛있는 것은 아니다. 그래서 실망도 자주 경험한다. 하지만 늘 만나면 만나자마자 먹는 이야기부터 한다.

"오늘은 뭐 맛있는 걸 먹을까?"

"뭐 맛있는 거 없어?"

한때는 매일 오후에 간식을 시켜먹어서 음식냄새가 회사에 진동했다는 말도 했었다. 어디나 취향이 비슷한 친구끼리 모이기 마련이다. 매일 같은 시간에 모여서 수다를 떨고, 맛있는 간식을 시키고, 그리고 시간이 남으면 상사 뒷담화도 잠시 하고. 그러니 하루하루가 즐겁다. 유쾌하고 걱정이 없다. 내일 걱정은 내일 하는 스타일이다. 고민이 있어도 오래하지 않는다. 고민한다고 답이 나오는 건 아니니까. 남들이 보면 천진난만하다. 본인도 즐거운 인생이니 지금이 딱 좋다고 한다.

자기 일을 먼저 챙기는 루틴을 가진 사람이 남을 도와주기란 쉽지 않다. 시간낭비 같아 보인다. 그리고 그 남도 자기만의 스타일이 있고 나의 도움을 싫어할 수도 있다고 생각한다. 그래서 선뜻 도움을 주지 못하는 것이다. 각자생존이다.

처음부터 루틴의 첫 단추를 잘못 끼웠다. 좀 더 확장해서 남의 일도 도울 수 있는 넓은 마음을 나의 루틴에 넣었어야 했다. 남의 일도 내 일처럼 안타까워하고 도와주고 싶고, 걱정되면 내 일도 안 되는, 이해심과 배려심의 씨앗을 심어놨어야 했다.

한번 만들어진 루틴은 고치기가 여간 어려운 것이 아니다. 다시 태어나야 한다. 마음은 고치고 싶어도 몸이 말을 듣지 않는다. 몸과 마음이 따로 논다는 것을 옆 사람도 눈치 채기 마련이다.

루틴이라는 단어와 잘 어울리지 않는 사람도 있다. 창의적이고 톡톡 튀는 감각을 유지함이라고 말한다. 루틴적인 사람을 오히려 지적하고 재미없다고 말하고, 꼰대라고 손가락질한다.

하지만 상사라면 그 사람에게 마음 놓고 일을 맡길 수가 있겠는가? 회사에서 자리가 올라갈수록 책임감이 어깨를 누른다고 한다. 막내직원과 상사의 실수는 우선 매출손해에도 엄청난 차이가 있다. 자리도 부담이고, 나타내야 하는 실력도, 성과도, 모두 내 짐이다.

일을 기분대로 할 수는 없다. 잘 짜여진 루틴이 있어야 한다. 막내직원이고 시키는 일을 하기만 하는 자리에서는 루틴이 없는 게 편할 수도 있다. 내가 만든 루틴이 일에 방해가 될 수도 있다. 내 멋대로 사는 게 재미있어 보인다. 더 멋져 보이기도 하고. 하지만 시간이 지나고 위치가 바뀌면 루틴의 힘이 나타난다. 어려움에 직면할수록 루틴은 생명력을 갖는다. 루틴력으로 뭉쳐진 사람은 위기에 대응하는 순발력이 뛰어나다. 늘 준비해온 사람을 어찌 당해내겠는가?

적자생존이라면 루틴력이 강한 자가 살아남는다. 늘 기회는 위기의 다른 말이었다. 위기를 기회로 살릴 수 있는 방법은 루틴뿐이다.

나에게 없는 루틴,
모자란 루틴을 다시 점검해 보아야 할 시점이다.
지금이 위기라면.

욜로, 워라벨,
소확행의 세대

"Carpe diem."
현재 이 순간에 충실하라.

결혼계획이 있거나 이미 결혼한 사람, 또는 자산에 많은 관심을 가지고 있는 사람들은 서울의 집값에 놀라지 않을 수 없는 현실이다. 한때는 10억도 너무한다는 소리가 저절로 나왔는데 이제는 10억을 훌쩍 넘어 20억 이상을 줘야 번듯한 동네에 한강이 보이는 집에서 야경을 즐길 수 있다. 자식 교육까지 생각한다면 조금 더 얹어주어야 할 판이다.

물론 눈을 낮추면 더 높은 곳에서 아니면 더 넓은 곳에서도 가능하지만 누리는 동시에 자산의 규모도 함께 불어나야 하니 문제가 어려워진다. 집이라고 하는 것은 내가 가진 자산 중에서 가장 크고 무거운 것이 아니던가. 나중에 자식들까지 한 몫 챙겨줘야 하니 말이다.

월급을 모아서 집을 산다는 것은 현실적으로 불가능하다. 내 월급보다 집값이 더 빨리 뛴다. 숨만 쉬고 모아도 월급만으로 서울집을 마련하기는 어려운 것이 현실이다. 그래서 아빠 찬스, 엄마찬스, 확실한 은행 찬스는 무조건 갖다 써야 한다. 눈을 돌려 집에대한 안목을 낮추고 차도 맘에 드는 걸로 사고, 아이들 옷도 번듯한 것으로 입히고, 주말에 여행도 가고, 먹고 싶은 것도 맘 편히 먹어보고 싶어진다.

한번뿐인 내 인생, 나는 엄마 아빠처럼 고생하며 인내하고 내일의 편안함을 위해서 오늘을 희생하고 싶지 않다. 그래서 욜로족이되는 것이다.

You Only Live Once!

이쯤에서 욜로족이 왜 이런 생각을 하게 된 것인지 살펴볼 필요가 있다. 그저 인생 편하게 살려고 준비하지 않고 지금을 즐기는세대가 아닌 나름의 이유는 있다.

부모님의 사는 모습을 어려서부터 지켜보고 살아왔다. 부모님은새벽에 일어나서 일찍 출근하고 저녁에는 야근을 밥 먹듯이 하면서도 잦은 회식 빠짐없이 참여했다. 그리고 술에 취한 채 늦게 오지만 다시 새벽이 되면 사우나에서 땀으로 술독을 빼고 출근하는 아빠의 모습을 수도 없이 보면서 학창시절을 지내왔다.

엄마는 집에서 자식들 뒷바라지 하시며 온갖 입시정보 얻으려고 이리저리 뛰어다니며 오로지 자식의 성공과 미래를 위해서 하루 종일 뛰어 다녀야 했다. 게다가 남편이 벌어오는 돈으로 육아며, 살림 그리고 재테크도 함께 책임지는 무거운 임무를 수행하며 당신은 깨끗한 속옷 한 벌 안 사지만 자식 남편에게는 무한한 사랑을 베풀며 번듯한 가장으로, 번듯한 아들이기를 바라며 버텨냈다.

그런데 갑자기 찾아온 IMF 외환위기. 우리나라의 실업율이 순간 30%까지 치솟았다. "I am fired."라는 말로 대신할 만큼 우리나라 경제는 바닥으로 치닫고, 하루아침에 실직자수가 대량으로 발생하고 우리나라는 국제통화기금에 긴급 자금을 요청한다. IMF는 한국에 지원을 해주는 대신 기업의 구조조정과 공기업의 민영화, 자본 시장의 추가 개방, 기업의 인수합병 간소화 등의 여러 가지 조건을 내세우게 된다. 이때의 구조조정으로 하루아침에 실직자가 된 사람이 부지기수고, 마침내 스스로 생을 마감하거나 온 가족이 함께 세상을 등지는 뉴스가 TV에 자주 나오기도 했다.

3년 전 근무지에서 만났던 골프코치도 1996년 여름 영국으로 골프 유학을 갔다가 아버지의 사업실패로 인해 짐도 챙기지 못하고 다음해 겨울에 바로 귀국을 했다고 했다. 이런 사례가 한둘이 아니다.

이 시기에 부모님의 기업도산이나 구조조정, 또는 실직을 두 눈으로 직접 겪은 세대이기 때문에 더 안정적인 공무원 시험에 올인할 수밖에 없었다. 서울이 안 되면 지방이라도 찾아가서 매달려야 했다. 지방에서 근무하다 기회가 되면 다시 수도권이나 서울로 올라올 수도 있다. 이외에 우리나라 경제에도 관심을 갖지만 세계 경제도 무시할 수는 없었다. 그만큼 수출 주도형인 우리나라 경제구조는 세계 의존도가 매우 높기 때문에 미국이나 유럽의 경제 뉴스를 보지 않으면 비상금으로 넣어둔 주식을 언제 잃을지 모른다는 불안감을 늘 가지고 있다. 부모님의 낭떠러지를 자신들은 경험하고 싶지는 않았다.

피땀 흘리며 한푼 두푼 모아서 집도 사고, 자식 뒷바라지와 시부모님께도 잘 하셨던 부모님의 몰락은 자식에게 열심히 사는 길만이 정답이 아니라는 것을 일깨워 주었다.

적당히 일하면서 자신을 돌보고 자신의 감정에도 좀 더 솔직해지고, 나를 위해서 투자도 하고 시간도 내어주고 스스로 위로하는 법도 배우게 되었다. 그래서 일만 하기보다는 저녁이 있는 삶을 함께 즐기는 워라밸, 소확행이 나오게 된 것이다.

'칼퇴'라는 말은 우리나라에만 있는 단어가 아닐까?
퇴근 시간에 퇴근하는 것이 정상이지, 그리고 저녁의 삶을 다시 만나러 간다. 운동을 하거나 취미생활을 하거나 맛있는 음식을 만들어 먹거나 혼자 있는 시간을 즐기거나……. 소확행의 시간, 오로지 나를 위하는 시간으로 채운다.

18개월 이상 근무하면 1년 동안 실업수당을 받을 수 있고, 입시로 익힌 영어실력으로 세계 어디를 가더라도 원주민처럼 자유롭게 지내며 여행을 다닐 수 있다. 업무에 충실해서 승진을 준비하기보다 현재의 삶을 즐길 줄 알고, 지금의 상태가 오래가기를 원한다. 빠른 승진은 빠른 퇴직을 부를 뿐이다. 되도록 오래 살아남아야 한다. 혼밥이나 혼술도 이제는 적응이 되었다.

결혼이나 아이는 지금의 나를 더 힘들게 한다. 부모님의 고생을 두 눈으로 똑똑히 봐왔다. 결혼이란 양가 부모님 눈치 보며 온갖 가정 대소사 다 챙겨야 하고, 새로 태어날 아이는 업무로 힘든 스트레스에 짐을 더할 뿐이다. 밤잠을 설치게 하거나 수시로 응급실을 드나들어야 할 수도 있다. 나 하나 먹고 살기도 버거운데 자식 인생까지는 너무 힘들어 보인다. 차라리 혼자가 편하다. 그래서 결혼은 점점 더 미루게 된다. 발전하지 않아도, 성공하지 않아도 되는 지금의 생활을 즐기고 있다. '밥은 아무거나 먹어도 커피는 별다방에서 마셔야지' 하는 생각이 주류고 커피도 드라이브스루(Drive through)로 마시는 시대다. 하지만 다시 낭떠러지 시기가 닥쳐왔다.

코로나19로 인한 세계 경제위기가 다시 다가온 것이다. 세계 각 나라들은 문을 잠그고 사람들은 문밖으로 일체 나오지 못하게 했다. 비정규직 일자리 사람들은 하루아침에 실업자가 되고, 중소기업들은 일이 없어 운영을 할 수가 없다.

전 세계인의 자가격리 시대.

또다시 찾아온 낭떠러지.

'우리는 무엇을 준비하고 지금 무엇을 해야 하는가? 차가운 머리로 내일을 준비한 자는 살아남겠지만 준비하지 못한 자들은 어떻게 살아남을 것인가? 부모님의 낭떠러지를 경험한 이들이 다시 다가온 위기를 어떻게 헤쳐 나갈 수 있을 것인가? 그리고 그 무기는 무엇인가?'

준비된 자만이 살아남는다. 낭떠러지에서 억지로 까치발로 버티는 것이 아니라 루틴이라는 낙하산을 준비해 힘차게 뛰어 내려야 한다. 그리고 바람을 타고 안전한 곳으로 착륙할 수 있어야 한다. 오로지 루틴만이 살 길이니 나의 루틴을 점검해야 한다. 아무도 나를 대신 살아주지 않는다. 내 인생은 내가 책임질 수 있어야 한다. 나 자신도 돌봐야 하지만 가족도 나만 바라보고 있다. 내가 무너지면 모두가 절벽으로 떨어지는 것이다. 더 절박해야 한다. 대충 살아서는 돌아갈 수 없다. 대충 하다가는 남들보다 순위가 밀린다. 경쟁에서 이겨야 한다. 시간을 허투루 보낼 수 없다. 하루의 1분 1초도 내 인생이다. 하루의 작은 틈조차 다시 돌아보고 점검해야 한다. 그리고 버텨야 한다.

내가 오늘을 버틸 수 있었던 것은 오늘 나의 루틴 때문이었다.

그 루틴에 더 힘을 실어야 한다. 그래야 내가 산다.

나를 살리는 내일의 루틴은 무엇인가?
오늘의 루틴을 돌아볼 시간이다.

살려야 하는 루틴은
따로 있다

2018년 한국의 평균수명은 82.7세였다. 여자의 평균수명은 85.7세에 비해 남자는 79.7세로 조금 낮았다. 2020년 통계청 KOSIS 기준에 따라 기대수명을 나라별로 비교하면 일본, 이탈리아, 오스트레일리아에 이어 한국은 82.8세로 4위에 랭크하고 있다.

직장에서 60세에 은퇴를 한다고 해도 80세까지는 20년이라는 시간이 남는다. 더 빨리 은퇴하는 사람은 그만큼의 시간이 더 남는데 이 시간을 어떻게 보낼 것인가는 상당히 중요하고 심각한 고민이 아닐 수 없다.

노후의 고민을 왜 벌써 하냐고 생각할 수도 있겠다. 하지만 은퇴 후의 삶을 미리 설계하지 않음은 매우 어리석은 짓이다. 준비하지 않으면 살아남기 어렵기 때문이다. '은퇴하고도 살아남는 걱정을 해야 하나?'라는 반문을 할 수도 있지만 은퇴 후 빈둥거리는 삶은 오래가지 못한다. 무기력과 우울증이 기다리고 있을 뿐이다.

노년의 삶은 중년의 삶의 연속이기 마련이다. 사회적인 위치나 인간관계가 노년으로 이어진다. 그렇다면 중년의 삶을 미리 준비 해야 하지 않겠는가?

중년의 인생은 바쁘다. 솔직히 돌아볼 틈조차 없을 수도 있다. 결혼을 했다면 아이가 한참 성장하는 시기이고, 직장인이라면 연봉과 승진이 맞물려서 바쁘게 일의 중심에서 진두 지휘할 나이이다. 루틴을 돌아볼 틈도 없이 바쁘게 돌아가는 삶에 치여 살 수도 있다.

그래서 사회 초년생의 루틴이 중요한 것이다. 어떤 자세로 일을 하고, 주말을 어떻게 보내고, 어떤 사람을 만나며, 어떤 생각으로 미래를 준비하는지 기본적인 틀을 잘 짜야 하는 시기이다. 한번 잘못된 틀을 만든 사람은 그 틀에서 빠져나오기 쉽지 않다. 사람이 도덕책에 나오는 것처럼 늘 바른 생활만 한다는 것도 어렵지만 그렇다고 쓸데없는 생활들로 시간을 채울 수는 없지 않은가?

득과 실을 따지자면 득이 되는 루틴이 많아져야 한다. 하루를 따져보자. 득이 되는 루틴보다는 실이 되는 루틴의 개수가 더 많을 것이다. 실이 되는 루틴은 모르고 지나치기도 할 것이다. 예를 들면 자기 전의 스마트폰은 검색이나 일어나기 전에 이불 속에서 시간을 보내는 것들이나 밥 먹고 설거지 미루는 것, 직장에서 일부터 커피타임을 가져야 한다는 것 등등.

사소하지만 지나치기 쉬운 주변의 흔한 일상의 실이 되는 루틴들. 더 중요한 것은 그 루틴들이 하루아침에 생겨난 것이 아니라는 것이다. 아무것도 아니라는 생각으로 잠시만이라는 생각들로 어느새 나의 루틴으로 자리잡힌 시간. 그 시간을 체크해봐야 한다.

평균수명을 떠나서 건강한 삶은 우리 인생에서 아주 중요하다. 건강한 삶의 중요성은 건강을 잃고 난 후에 더 절실하게 찾아오지만 건강을 잃을 수도 있다는 불안함은 누구에게나, 언제나 있는 일이다. 질병으로부터의 해방이나, 갑자기 찾아오는 각종 사고로부터도 자유롭고 싶다. 그래서 늘 운동해야 한다는 강박관념을 가지게 마련이다.

작년까지 함께 근무한 직장 동료 S씨는 아침에 먹는 약이 한두 가지가 아니라고 했다. 늘 건강함을 자랑하던 그가 갑자기 찾아온 질병에 병원을 찾는 방법 외는 다른 수가 없었다고 했다. 당뇨에 고혈압, 그리고 많은 업무로 인한 손목터널증후군까지. 운동을 평소에 하지 않고, 조용히 혼자서 컴퓨터와 관련된 일을 좋아하고 시간을 보낸다.

그가 아직까지 버리지 못하는 루틴이 있다. 일과를 보내는 중에 틈틈이 찾게 되는 담배.

지금은 전자담배이지만 해롭기는 마찬가지다. 쑥 올라버린 담뱃값은 큰 영향을 미치지 못했다. 하루에도 몇 번씩 조용히 숨을 만한 곳을 찾아서 홀로 10분 정도의 시간을 보낸다. 지금은 건물 전체가 금연구역이라서 흡연을 하려면 장소부터 물색해야 한다. 함께하는 동료가 있으면 더 절실해진다. 그 시간만큼은 동병상련을 느낄 수 있는 유일한 시간이다. 매일 한주먹의 알약을 삼키지만 여전히 끊지 못하는 담배. 옆에서 지켜보면 안타깝지만 해줄 말이 없다. 주위에서 끊으라는 말을 수없이 들었기 때문이다. 하지만 흡연자들은 그 시간이 유일한 휴식이고 마음이 편해지는 시간이라고 하니 남이 강요할 일은 아니다. 올해 승진 소식을 들어서 기쁜 마음이지만 늘 그 사람의 건강이 걱정스럽다.

다른 사람의 건강을 챙겨주는 사람도 있다. 직장 내에서의 인플루언스다. 직장에서 점심을 먹고 나면 잠시 시간이 남는다. 점심시간이 한 시간이지만 식사를 한 시간씩 하지는 않으니 밥 먹고 양치하고도 이삼십 분의 시간을 활용할 수 있다. 그때 나온 제안이 걷기였다. "밥 먹고 바로 하면 오히려 소화에 방해가 돼요." 하지만 한 시간씩 빠르게 걷는 것이 아니라 십 분 동안 천천히 햇빛 쏘이면서 이야기도 하면서 즐거운 시간을 가지는 것은 누가 봐도 건강한 시간이었다. 자칭 '광합성의 시간'이었다. "광합성 하러 갑시다"라는 소리에 누구나 할 것 없이 따라 나서서 이제는 줄지어 산책을 하고 있다. 효과는 생각 이상이었다. 소화도 잘 되는 기분이고 축 처지기 쉬운 시간대의 활력을 불어넣는 일이었다. 하루이틀 해보고 맘에 안 들면 사람들이 따라오지 않는다. 따라오는 사람들이 늘었다는 것은 서로 효과를 보고 있다는 증거이기도 했다. 하루 일과

중에서 서로 웃으며 마음 편히 이야기하는 시간이 있다는 것은 오후 일과에도 굉장한 영향을 미치고 있었다. 긍정적이고 득이 되는 루틴을 모두에게 뿌린 결과였다.

득이 되는 루틴의 특징이 있다. 몸을 많이 쓴다는 것이다. 반드시 몸을 자주 이용한다. 몸이 수고로워야 기쁨이 배가 되고 행복하다. 운동이나 다이어트, 독서, 재테크도 앉아서 하지 않는다. 주식도 공부해야 살아남는다. 주말 새벽부터 출발하는 등산, 산 정상에서의 한 컷을 위해 사진작가들은 얼마나 많은 시간동안 셔터를 누르는지를 생각하면 왜 움직여야 하는지를 알 수 있다.

몸을 쓰지 않는 루틴은 나를 상하게 한다. 게임이나 오락, 스마트폰을 통한 각종 검색이나 시청각 자료, 담배나 술, 지나친 유흥이나 도박은 나를 유혹의 길로 안내한다.

그리고 얼마간의 시간이 지나면 몸과 마음이 상해 있는 나를 발견하게 된다. 하지만 돌아가기는 힘들다. 실이 되는 루틴으로 인생을 망치기도 한다. 뉴스에 나오는 연예인들의 이야기를 본보기로 삼아야 한다.

살려야 한다. 득이 되는 루틴만 콕 집어서 살릴 수 있어야 한다. 대신 나쁜 루틴은 줄여야 한다. 루틴은 스스로 확장하는 힘을 가지고 있다. 더 커지기 전에 막아야 한다.

루틴을 살리는 것이
나를 살리는 것이다.

루틴이 있는 자가
루틴이 없는 자를 지배한다

인도 힌두교에 이런 속담이 있다.

"사람은 처음 30년 동안 루틴을 만든다. 그리고 나머지 30년 동안은 루틴이 사람을 만든다."

나는 지금 어디에 서 있는가? 루틴을 만드는 시간인가? 아니면 루틴이 나를 만들고 있는 시간에 서 있는가?

호모헌드레드 시대라도 한다. 백 년을 살아야 하는 시대에 이미 나는 루틴 속에 갇혀서 루틴대로 살고 있지는 않은가? 지금 상황이 편안하고 살 만하면 루틴 속에 갇혀 있는 것이다.

하나의 루틴을 만들기 전에는 이것만 하면 행복하고 인생이 나아보일 것 같지만 막상 하면서 익숙해지면 우리가 매일 숨을 쉬면서 공기의 중요함을 못 느끼듯이 익숙해진 루틴은 나를 다시 편안

하게 하고 현재의 상태로 머물고 싶어진다. 루틴으로 인해 내가 행복함을 느낄 수 있어야 하고, 루틴으로 내가 발전하고 있음을 느낄 수 있어야 한다. 루틴에 갇히지 않기 위해서는 루틴력을 발휘해야 한다.

루틴력을 발휘하여 오늘보다 나은 내일을 기대하는 사람이라면, 그래서 오늘도 어제와 다른 하루를 만들어 가는 사람이라면 당신은 아직도 루틴을 만들어 가는 사람에 속한다고 볼 수 있다.

그렇다면 왜 루틴력으로 하루를 채워야 하는가?

우리나라에는 유난히 학원이 많다.

아이들이 다니는 영어, 피아노, 발레에서부터 미술, 음악까지 전 분야의 학원들로 가득하다.

어른들도 마찬가지다. 이름만 학원이 아니지 헬스클럽, 필라테스, 바둑기원, 요리, 각종 운동 레슨들…….

그렇다면 학원에서 배우는 사람이 가르치는 사람보다 많겠지만 그 가르치는 사람은 원래 잘 하는 사람이었나? 그 사람은 어떻게 가르치는 사람이 되어 있는 것일까?

누가 나를 가르치는가? 나는 누구에게 배우고 있는가?

어떤 분야에서 연구하거나 그 일에 종사하며 상당한 지식과 경험을 가지고 있는 사람을 '전문가'라고 한다. 위의 경우처럼 다른 사람을 가르치는 사람을 우리는 전문가라고 부를 수 있을 것이다.

흔히 '전문직'이라고 하면 의사, 변호사 등 높은 연봉과 복잡하고 어려운 일을 하는 사람으로 생각하지만 건설현장에서 벽돌을 쌓으며 일하는 사람도, 이사하기 전에 더러워진 벽에 종이를 대고 도배하는 사람도, 우리 아이 피아노를 가르치는 피아니스트도, 카페 한쪽에서 오늘도 글을 쓰는 소설가도 나는 '전문직'이라고 생각한다.

오늘 전문직에 종사하는 모든 사람들도 처음에는 그 분야의 루틴이 없는 평범한 사람들이었다. 초등학교부터 시작했거나 성인이 되면서 시작했거나 출발 시간은 다르지만 매일 꾸준히 한 분야에서 시간과 열정을 바쳐 오늘에 이른 사람들이다.

사람마다 차이는 있을 수 있다. 더 뛰어난 재능을 타고난 사람이, 더 많은 노력으로, 더 많은 지원을 통해 배웠다면, 더 훌륭한 선생님께 배웠다면 다른 사람보다 더 낫지 않겠는가?

같은 분야에서 사람간의 순위를 따지는 것은 아니다. 지금 순위는 크게 중요하지 않다. 나보다 뛰어난 그 사람들이 전문가이고 우리는 그 전문가에게 매일 무엇인가를 배우고 있다는 사실이 중요한 것이다.

도대체 언제까지 배울 것인가?

15년을 알고 지내는 S씨의 이야기이다. 같이 공부할 때는 매주 얼굴을 봤지만 이제는 일 년에 한두 번 정도 보는 사이다. 워낙 여기저기 기웃거리며 재미있는 일을 찾는 스타일이다. 다양한 분야에서 재능을 보여 금방 실력이 올라가고, 그리고 다시 다른 일거리를 찾아보는 사람이다. 하고 싶은 일도 많고, 잘 하는 일도 많다. 정말 지칠 줄 모르는 열정도 지닌 분이다.

여기저기 커피숍이 우후죽순처럼 생기는 해였다. 지금이야 대형 브랜드의 카페도 많이 생겼고 드라이브스루 카페도 많지만 지금처럼 소자본으로 동네 구석구석에 커피점이 자리 잡기 전의 시절. 학원을 다니며 커피 공부를 시작하더니 일 년 후에는 인사동에서 작은 카페를 차려서 현재까지 운영 중이다. 커피향이 좋아서 시작한 일이 어떻게 커피를 볶고, 어디서 원두를 구입하고, 또 어떻게 마셔야 맛있게 커피를 마시는지 정말 하루하루 재미있게 공부하더니 드디어 일을 낸 것이다. 가끔 들러서 마시는 커피 한잔은 같이 공부하던 때를 다시 떠올리게 한다.

지금의 그 분의 모습은 커피 전문가의 모습이다.

다시 생각해보면 분명히 처음에는 나와 같은 커피숍에서 커피를 마시는 사람이었다. 하지만 커피 공부 시작하고 몇 년 후에 한 사람은 커피숍을 차려서 커피 전문가가 되어 있고, 나는 그 커피숍에서 돈을 주고 커피를 사먹는 사람으로 바뀌어 있었다.

그리고 커피에 대해서 설명을 듣고 맛있는 커피를 마시기 위해 시키는 대로 따라하며 커피를 마시고 있다. 지금 그 사람은 자기 커피숍에서 강좌를 열어 커피를 가르치고 있다.

직장생활을 하는 사람이라면 누구나 경제적인 자유를 꿈꾼다. 그래서 재테크도 하고, 주식도 하고 부동산에도 기웃거려 본다. 대박일지 쪽박일지 아무도 모른다. 하지만 집값은 올라가고, 내 손에 돈은 없고, 그런데 내 직장 동료는 돈을 벌고 있다.

자극은 역시 옆 사람이다. 직장동료, 친구 사이, 옆집 아줌마의 대박이 나를 일으켜 세운다.

그렇게 부동산 재테크에 눈을 뜬 한 사람을 알고 있다. 주말에는 임장을 다니고, 아파트 분양 모델하우스를 제 집 드나들 듯이 다니고, 밤마다 부동산을 보고 서울 집값을 외우다시피 하더니 결국 영혼을 끌어 모아 드디어 계약서 작성.

처음이 두렵고 무섭지 한 번 하면 두 번은 그냥 가더라. 그리고 다시 여기저기 일을 벌리더니, 이제는 서울에만 가지고 있는 집이 여러 채다. 비록 대출이긴 하지만 자산의 규모는 상상 이상이었다. 세상 온갖 소식을 들어도 꿈쩍하지 않다가 그 사람의 소식은 나를 자극했다. 이제는 내가 그 사람에게 시간만 나면 배우려고 안달이다.

배우기만 하던 사람과 가르쳐본 사람은 다르다.

늘 배우기만 하는 사람은 수동적이다. 가르쳐 주는 것만 배우려 하고 그것만 하면 다 되는 줄 안다. 하지만 가르쳐 본 사람은 다르다. 무엇을 가르칠지, 무엇을 궁금해 할지, 배움이 일어나기 위한 더 나은 방법은 없는지를 찾아보려고 애를 쓴다. 그래서 가르쳐 본 사람이 더 발전한다.

당신은 어느 분야에서 전문가인가?

평생을 배우기만 할 것인가? 아니면 가르치는 전문가로 살아볼 것인가?

유행이라는 것이 있다. 시간이 지나면 사라지는, 인기가 시들해지는 분야도 있다. 유행에 시들지 않는 나를 대표할 수 있는 그런 분야를 가지고 있어야 한다.

없다면 신중하게 만들어 보자. 있다면 더 크게 만들어 보자.

호모헌드레드 시대. 늦었다고 생각할 때가 정말 가장 **빠른** 적기일지 모른다.

내 전문 분야로 돈을 못 벌어도, 다른 사람이 알아주지 않아도, 다른 사람에게 가르칠 정도면 전문가라고 말해주고 싶다.

정리정돈을 다른 사람보다 기가 막히게 잘 해도 전문가 소리를 들을 수 있다.

운동화를 기막히게 꾸밀 줄 알아도, 자전거를 남들보다 더 오래 탈 줄 알아도 전문가인 시대이다.

덕후의 시대.

내 인생을 지배할 것인가? 지배당할 것인가?

지금 당신의 태도에 달려 있다.

루틴
파워

초판 1쇄 인쇄 _ 2020년 12월 10일
초판 1쇄 발행 _ 2020년 12월 15일

지은이 _ 김소백
펴낸곳 _ 바이북스
펴낸이 _ 윤옥초
책임 편집 _ 김태윤
책임 디자인 _ 이민영

ISBN _ 979-11-5877-218-5 03190

등록 _ 2005. 7. 12 | 제 313-2005-000148호

서울시 영등포구 선유로49길 23 아이에스비즈타워2차 1005호
편집 02)333-0812 | **마케팅** 02)333-9918 | **팩스** 02)333-9960
이메일 postmaster@bybooks.co.kr
홈페이지 www.bybooks.co.kr

책값은 뒤표지에 있습니다.
책으로 아름다운 세상을 만듭니다. — 바이북스

미래를 함께 꿈꿀 작가님의 참신한 아이디어나 원고를 기다립니다.
이메일로 접수한 원고는 검토 후 연락드리겠습니다.